EVOLVE
THINKING
思維進化

用思考突破人生所有障礙

楊大輝

著

Contents

引言

一

這是一本能夠提升你思考品質的書。

你不用花力氣記下裡面的內容，或者費勁理解複雜的哲學；只要隨著自己的節奏順序閱讀，你自然就能獲得許多關於思考的領悟，讓思維獲得進化。

這本書是思考如何思考的結晶。目的是讓你透過輕鬆的閱讀與對談，就能獲得增進思考的養分與動力。

就用成功這個主題來當作楔子吧。

「我能夠獲得成功嗎？」這是人人都關心的問題。

但大部分人所知道的「成功因素」，不過是事實的局部而

已，並不是成功的全貌，因為沒有任何單一因素可以概括成功的整個過程。你有熱情，不代表你可以成功；你付出一切，也不代表你可以成功；你有夢想，也不代表你可以成功；你堅持到底，也不代表就能成功。

這些因素都不過是「成功因素之一」，僅僅是地圖裡的一小塊，是廣大森林裡的一棵樹木。

「成功因素」是個小石子，各種不同的小石子分別寫著「努力」、「創意」、「團隊」、「運氣」、「機會」、「產品」、「時間」、「性格」、「方法」……。

而夢想就是一個空瓶，瓶子大小因人而異，只要將小石子堆滿大瓶子，就能達成夢想。每個小石子都是重要的，都在扮演堆疊的角色，只要慢慢將小石子都丟進瓶子，你就能完成夢想，獲得成功。

圖一

　　但這只不過是理想的藍圖，是完美的想像而已。現實中的情況會殘酷一點，像是這樣：

圖二

為什麼呢？

第一，大部分人並沒有具備足夠的「成功因素」。絕大部分的「成功因素」並非天生，而是培養得來。換言之，所有「成功因素」事實上都需要經過人為的生產。

第二，就算有了足夠的「成功因素」，大部分的人依然會面臨另一項問題——無法準確地將小石子投入瓶子中。

這些被浪費在外的小石子有些是「時間」，有些是「機會」，有些是「努力」。有些是我們自己丟在瓶子之外的，例如：把「時間」浪費在無關痛癢的事情上；有些則是我們心有餘而力不足，例如：來不及把握的「機會」，或是錯誤的「努力」方向。

然而，**這樣的描述還是不夠現實，不夠真實！**我所理解的真實世界是這樣的：

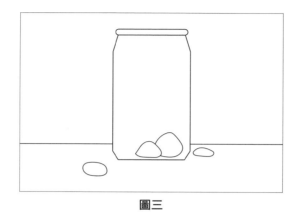

圖三

第一，有些人連瓶子都看不見，有些人看得見，但看起來是一片朦朧。這可能是因為還沒找到目標與夢想，或是仍在尋找的途中，卻還沒看見任何完成目標的入口。

第二，你不知道如何正確運用自己的技巧將小石子投入瓶中，於是開始亂丟、亂拋，結果意外地打破了瓶子，放棄了夢想。

第三・你不懂得如何好好瞄準，也不懂得衡量何時該投入這個小石子，何時該投入另一個小石子，讓整個瓶子鋪排得更完美。

第四，在你對著夢想的瓶子投石子時，其他人也都在做同

一件事。你會受到他人影響，有些人會激勵你，有些人會啟發你、督促你，他們分別給了你一些小石子；也有人會從你身上拿走一些小石子。然而，大多數情況下，這些人都和你一樣，浪費了為數不多的小石子，面對和你同樣的困境。

這才是真實的世界。從「情感」上來看，這是個模糊、混亂，甚至殘忍的灰暗世界。

但如果你試著思考，或許就能找到對的瓶子，抓緊機會、瞄準洞口、辨別意見，並且做對決策。

只有開始思考，你才能知道自己還欠缺什麼石子、要怎麼製造石子，以及要如何投出這些石子。

只有持續思考，你才能看清這個世界，搞懂它的規律，發現它的可愛和有趣之處。

現實世界是殘忍而灰暗的，但只要透過「思考」這一雙眼睛，世界就會多彩多姿。

而專注於思維進化的人，就是一群堅信只要持續進化思考，就能夠將世界看得更清楚的人。

二

本書一共分成三個部分,帶領你由淺入深地達到思維進化,並為你解說如何讓思維進化。

在第一部分,我們會探討關於思維的迷思。例如,什麼樣的人容易成長停滯,邁向平庸?什麼樣的人更容易高速成長,邁向卓越?

我們還會逐步打破限制你潛能的思維牢籠,並介紹一些有趣的思維模式,這些思維模式能幫助你提升思考品質——讓你在做出一個決策或看待身邊發生的事情時,能做出更深層的思考。

第二部分會帶領你深入到創意的本質,並提供一系列幫助你提升創造力的知識和技巧,我稱之為「極簡式創新」。這些創新技巧實用又簡單,任何人都能掌握。

無論身處任何行業,你都需要培養創意、獲得創造力——因為擁有創造力,我們才能創造出過去無法想像的未來人生道路,為人生創造出更多可能性。

總而言之,第二部分將讓你獲得思想變異的能力,並從變異中找到達成理想自我的方向,以及邁向更好人生的可能性。

　　在本書的第三部分，我們將談到一系列思維進化的工具，並解釋這些幾乎每個人天生就會使用的思維工具，是如何幫助愛因斯坦思考出相對論，甚至幫助孫武寫出孫子兵法。

　　本書的思維工具曾幫助筆者解決無數問題，並且鮮少在市面上的思考書籍裡看到。這些思維工具，將會幫助你在人生路上更加得心應手。

第1部

Part 1

牢籠

第 1 章

那些不進化思維的人

在叢林裡，最能適應環境與競爭的物種將生存下來。
在城市裡，最能適應環境與競爭的大腦將生存下來。

無夢者的謊言

「還是待會再起床好了。」

小曹按下鬧鐘，轉頭睡去。他想起昨晚和同事討論的一席話：「聽說晚睡的人是因為內心沒有足夠勇氣面對明天，因此總是拖到太累撐不下去才去睡，然後第二天又賴床。」

「我真的沒有勇氣面對我現在的狀況嗎？」小曹思索著，睡意也逐漸消失。於是他起床梳洗，今天難得早起，自然就悠閒緩慢地準備上班去。

換上襯衫後，站在鏡子前的小曹對自己說：「今天要好好努力拼業績了！我可以的！」

「小曹，你怎麼無精打采的？月底就快到了，再不認真點我們這個月業績就要無法達標了。」說話的是主管，他拍拍小曹的肩膀說：「你今晚加班吧，待會來我辦公室聊聊。」

「小曹，你認為三年後的自己會有怎麼樣的成就？」主管和小曹坐在辦公室的沙發上，很明顯地，主管想要嘗試激勵一下這個下屬。

「我會為公司帶來更多業績，成為績效最好的員工之一。

當然，您到時可能已經升上經理了。」小曹一臉嚴肅地說道：「而我也希望自己能夠像您一樣。」

「好績效不是光靠說就有。要讓我看到你心裡的那團火，我不想要團隊裡有一個每天需要我督促加班的員工，懂嗎？」

終於熬到下班時間，被主管訓了幾回的小曹到家後疲憊地躺在沙發上。他回想著自己為什麼會進到這家公司，為什麼會進到這一個行業──他當然記得為什麼。那是因為，他從來就找不到自己真正想做什麼，他沒有任何追求目標的熱情，因為他根本沒有目標。

當時的他只是聽從朋友的建議，隨便找了份工作，動機純粹是為了生計。

這個問題已經不是第一次浮現在他腦海裡。在無數個這樣的夜晚，他都會自問：我到底要怎麼改變我的生活？

「我渴望的是更好、更充實的生活，或許我真的該換一份工作了，等下上網查查有什麼工作好了。」小曹站起來告訴自己，然後去沖了個澡。

最後，小曹看著電腦螢幕追劇到凌晨，什麼都沒做。他給自己的理由是：「工作一整天已經很累了，我什麼都不想去想，只想放鬆自己。」

有一種人，叫做無夢者，他們是一群沒有夢想，也沒有實際目標的人。他們總在疑惑自己到底要做什麼、想要什麼，但始終得不到答案。無夢者沒有目標，他們沒有重要的事情可以思考。

故事中的小曹就是這樣的一位無夢者。如果被問到希望未來的自己會是什麼樣子，他或許會滔滔不絕地說著自己想要達成什麼、完成哪個目標；然而，他不會真正去執行，並不是他不要，而是他無法控制自己。

小曹所說的一切，在下個月可能就會出現完全不同的版本——這當然並不是為了欺騙別人，是為了不想讓自己顯得太過遜色而已。在這個時代，無法說出自己目標的人，總會被視為不夠上進。

如果小曹不做出改變，你覺得三年後的他會和現在的他有多大的差別呢？別說三年了，以這種狀況而言，就算過了五年都未必能有任何突破。

觀察無夢者的生活，你會發現他們的生活時常出現支離破碎的狀況。早上做的事情，可能跟晚上做的事情互相矛盾，互不相干。他們工作時彷彿行屍走肉，催眠自己要埋頭苦幹；下班後只想享受休息時間；睡覺前卻思索著要不要轉職換工作。

他們並不享受自己的工作，因為那並不是他們要的夢。他們就像著在荒山野嶺的原始人，除了生存之外，不知道自己還要些什麼。

無夢者或許一輩子都無夢，一輩子都找不到夢，這聽起來未免有點可悲；但如果仔細想想，我們身邊的確潛伏著許多這樣的人。

如果你的生活也有類似的狀況，那你應該認真想一想：自己是否也是個無夢者？如果是，要怎麼才能改變現狀？你可以從以下三點開始：

1. 對自己誠實。自我欺騙是讓你無法看清現實的屏障。

你得誠實地辨別自己是否站在迷霧之中，你是否知道未來該走哪個方向？

2. 如果是，你得下定決心嘗試錯誤。選定一條路，然後闖一闖。這條路可以是任何一條路，換一家公司、轉行、打工旅行，甚至是潛心鑽研某個興趣。

人不是先有夢想才去做，而是先去做了才有夢想。做之前的夢想不叫做夢想，那充其量只是個想法而已。

你得先走一段路，穿過迷霧，才能得知自己是否要繼續走

下去，如果只是站在迷霧之中，是無法判斷外面的世界是美景還是深淵的。

3. 你會看見美景或深淵，或兩者之間的荒蕪之地。你會繼續走下去嗎？

沒有人知道。

你可能看見了美景，卻想退縮；看見了深淵，卻想要前行；看見了荒蕪之地，便帶著好奇心再去探索一下。你或許會前行，而且無所畏懼；但也可能會選擇後退，然後選擇另一條路，繼續嘗試錯誤。

誰說只要下定決心，就能找到夢想？

就算你找到了自己的夢想，過了幾年之後呢？你還是可能會回到這個迷霧之地。

不是所有人都那麼幸運，嘗試一次就能找到自己的奮鬥目標，而且可以盡其一生為夢想奮鬥。你只能不停嘗試錯誤，不停穿越一次又一次的迷霧。你有可能下一次就找到，也有可能還得再堅持多一回。

但最重要的是：在這尋覓的過程中，你會愈來愈瞭解你自己。你會疑慮、徬徨，你會做錯決定，你會大量思考。

在思考中，你會排除自己不想要的，理解什麼是不可或缺

的。你的思維會持續成長，讓你愈來愈了解自己。

　　不要害怕找不到夢想，因為人只要開始行動，心就會愈來愈堅定。只要你願意開始，你就會感覺到自己「活了起來」。

　　找著找著到最後，你或許會發現，夢想的輪廓竟然已在你的腦海中逐漸成形。

　　原來，你還可以用思考為刀、以生活經歷為材料，一點一滴地雕刻出你的夢想。

知識涅盤之路

概括來說，你在事業上的表現由三種因素決定：知識、經驗和想法。你將費盡一生的努力，去做這三件事——**學習知識、運用經驗，還有創造想法**。說來並不誇張，打從你在一個領域展開新的開始，從菜鳥到成為大師，也只需要做好這三件事：

1. 學習

學習從來就不困難，每個人都必須持續學習。

困難的是如何學得精。

最大眾、最普遍的學習方式就是直接學習，去記下、去嘗試理解知識，但這種學習方式其實隱藏著一個陷阱。

市面上任何領域的書籍和課程之中，大部分的知識都是某種「術」，亦即方法、方法和方法。這看似沒什麼不妥，但你必須瞭解一點：學習方法並不是不好，但是每一個方法其實都

是在針對某個具體情況。

換句話說，你在某本書裡看到的方法，往往只適合書中所描述的情況；當你想把這個知識方法運用到你個人的現實場景，往往就會失去效果。這也是為什麼有的人讀了很多書、學了很多東西，但卻沒有一個能實際派上用場。

學習時只學習方法，就像是吃水果只吃果肉，卻丟掉隱藏在裡面的種子。殊不知種子才是生產果實的來源，沒有種子，哪來的果實呢？

如果方法是果肉，那躲藏在果肉裡的種子就是思維。

學習時，不只要獲得方法，還要想辦法獲得裡面的思維。唯有學會思維，你才有可能在每個情況之下，都想得出適合、能對應自己情況的方法來解決問題。

方法並非不重要，方法是必要，但最重要的還是得到生產方法的「種子」。

累積少量的種子，比起累積大量的果實好得多。

但就算你懂得如何獲取「種子」，在這個階段，知識還不屬於你。

2. 運用

　　知識尚未被運用之前，並不屬於你；被運用過後，也不屬於你。

　　如果你去學做菜，師傅教了你步驟，但你從來不親自下手去煮，那你自然等於還沒學到。

　　然而，就算你親自運用，且練習得十分熟了，知識依然不屬於你——許多人並不知道這一點，於是掉入了第二個陷阱。

　　大家都知道如果時常運用一個知識，會變得習慣成自然，例如：當你熟悉了駕駛之後，一上車不用多想就可以開車；但如果這時坐在你身邊的人忽然請你教他開車時，你反倒會變得好像不會開了，不知該從何說起。

　　換言之，你無法教導他人。

　　無法教導他人的主管無法幫上公司忙，無法教導他人的老闆什麼東西都得自己扛來做。

　　無法教導他人，是因為你少了一個過程，叫做「整合」。在整合的過程中，你會運用到先前所蒐集的種子。在熟練運用過後，將所學所用的知識都整合成一套系統，**這一套系統，才是屬於你自己的知識。**

在運用上駕輕就熟的人，基本上都已經是專家，但還不是大師。專家是領域裡的專才，這通常代表他與其他專家並無二致——沒有獨特的賣點。也就是說，當你和其他同行競爭時，**客戶或面試官會問你：「為什麼我要選擇你，而不是選擇他？」**

3. 創造

帶著你對你本身知識的瞭解，來到這階段沒有其他原因，就是為了「創造新的知識」。

你自己創造出來的知識，往往就是你與他人之間最大的差別，你有，而對方所沒有的，往往就是你最大的賣點。但儘管許多人都知道創新的重要性，卻不知道創新必須具備的東西是什麼，結果掉入了第三個陷阱。

創新並非無中生有，創新需要「容器」，而這個「容器」就是你在前一段整合出來的知識系統。

許多人會想到創新產品，但從來沒想過要創造什麼知識。在他們的潛意識裡，知識源自於大師，而非自己。對他們來

說，大師還沒想到的東西，自己不可能想得到；自己想到的東西，大師一定想過了——他們完全沒意識到自己也有創新的能力。

其實，一般人所面臨的最大困境並不在於沒有創新的能力，而是他們總是被「創新」這個詞嚇住了。因為在大部分人眼中，創新的秘密總包裹著重重的迷霧，創新對他們來說是神秘的、靈感式的，並且無法捉摸的。

無法創造，往往就意味著成為大多數，也就無法變得閃亮。

創造新知識，是成為大師的要訣，更是所謂「核心競爭力」的不二法門。我們還會再更詳細的談到創造新知識。

那，在創造之後呢？

創造是一次**知識涅盤**的終點，但同時也是起點。

這終點不是山頂的頂峰，因為到達頂峰之後，那裡什麼都沒有。

創造將帶領你回到涅盤之路的另一個起點，那裡如同窮鄉僻壤，需要你努力開發，才會成為遼闊又寬廣的福地。這個地方，正在等待你去開拓一條新的道路，一片新的天地。

這樣難道不會太辛苦嗎？

　　創新總是孤獨而艱辛的，因為一旦達成創新，你就是第一個人，前面不會有人給你指引。在那裡，你將再一次開始學習，再一次運用，再一次創造。

　　在那裡，我們將再一次達到知識涅盤。

這路途崎嶇狹窄，你確定要走嗎？

知識的涅盤意味著什麼？

那就是達成目標的最佳手段。

哪怕你的夢想只是賣雞排，你一樣需要知識，否則你連雞排都炸不出來；而且你的雞排最好要跟別人不一樣，或許更優、或許更有特色，否則你無法靠賣雞排過上好日子。

知識是所有人達成目標的主要手段，那是必經之地，你沒有任何其他選擇。不管你選擇經過這裡，還是那裡，每一條路必定都會經過知識。**知識代表著你的能力。**

這一條路可以困難，而且辛苦；也可以輕鬆，甚至是享受。

這兩種不同的感受只有一種差別——你是否有在這條路上走下去的決心？

下不了決心的人，其實是因為他們還不懂，在現實世界裡，老老實實提升能力是獲得成功最妥當的策略。他們心裡可能帶著投機取巧的想法，喜愛尋找捷徑，想透過某個機遇一飛沖天。但你我都知道這是不現實的，就連投資股票、房地產，

甚至是賭博，都需要一定的知識才有可能長期獲利。

走上知識涅盤之路，就是選擇用知識增進思維，用思考整合知識體系，最終創造出新的知識——並成為一個能產生獨到見解，能對現實問題給出出人意表的答案的人。

你的世界將會因此改變，你將用不同的高度看待世界。正如一位業餘棋手和真正的大師一同觀看一場棋賽，業餘棋手會將每一步棋當作是佈局來看，而大師看的卻是格局。佈局是單向的，是死的；格局則是根據對手每走的一步棋來改變自己的局，是活的。

走上知識涅盤之路的人，會體會到一種「美食家的悲哀」。

一般人吃東西只分得出好吃和不好吃，吃到覺得好吃的東西就已經很滿足了。但美食家不同，就算吃到大多數人都會覺得好吃的食物，就算味蕾上的刺激也能讓他覺得過癮，但廚師若帶不出食材應有的「本色」，那還是觸碰不了他們的心靈。這不是因為他們高傲挑剔，而是因為他們懂得品嘗食物裡最純粹最真的滋味，導致他們無法再透過一般的食物獲得滿足。

有位美食家曾經這麼說過：「當我看見我的兒子很滿足的在吃泡麵時，我曾經有一瞬間很羨慕他簡單的滿足。**我也曾經**

愛吃泡麵，但我知道我不可能會再欣賞泡麵，不是泡麵的味道變了，而是我的世界變大了。」

　　如果你只想帶著簡簡單單的思想過活，那你還來得及做一次選擇：放下本書，讓自己保持簡單去吧。

　　接下來，讓我們談談這世上的三種人。

第一種人：機械人

有一種人，他們缺乏自己的中心思想，他們的觀點來自親友的互換；他們擁有強烈的從眾心態，總是依賴並跟隨多數行動。「哪裡人多，就證明哪裡的東西好」是他們的座右銘，或者任何一句流行的名言都可以是他們的名言。

他們從來都不會是創新者，而是勞苦功高的機械人。

機械人占了人口比例百分之九十以上，是社會上貢獻良多的一群；但這並不是因為他們特別突出，而是因為他們的數量最多，並極其容易受到操控。他們不懂得進行自我思考，只懂得人云亦云，並且迷信權威。

他們的生活周遭被機械人同類圍繞，以致於他們總認為自己非常正常。因為無論發生什麼事情，其他機械人都會告訴他們相同的觀點：「這很正常，我也會有這樣的想法，所以你會這樣想也是正常的。」

既然大家都那麼正常，那就只有那些出現「奇怪」想法的人才不正常了。但在這世上，只有「奇怪」的想法才能算是新的想法，如果不「奇怪」，不就等於是同化了嗎？然而機械人

不吃這一套，他們知道這世上有一群人可以創造出許多新事物，但他們從來不認為自己也能被歸納為這個群體。

機械人不太懂得自我思考，雖然他們自己並不承認這一點；這當然不是因為他們過於自負，而是他們太難察覺到自身缺乏正確的自我思考能力——因為他們無法分辨「反應」和「思考」的分別。

什麼是反應？

舉個例子，當你看見一篇關於美國同性婚姻合法化的新聞，開放同性伴侶登記結婚，你的第一反應可能是好感或反感，接著你可能會給出結論：「美國真是愈來愈文明了」或「美國真是愈來愈墮落了」，然後告訴朋友你的這個反應——這並不能算是思考，充其量是對你的感慨做出反應而已。

又或者你看見新聞後產生了疑問：「為什麼美國會變得如此開放？」於是你去網路上搜尋，找到別人給出的答案，並以此做為結論。如果過程中你沒有進行任何思考，這也只能算是對好奇心做出反應而已。

什麼是「思考」？

假設你看見同一則新聞，你一樣會有第一反應，可能是好感或反感，但差別在於：**你不會立刻下結論，也不滿足於任何**

媒介提供的現成答案，而是嘗試給出自己的提問、推理、解答、延伸──這才算是思考。

「在基督教國家實行這項政策的歐巴馬，會得到好聲量還是壞聲量？」「從國際趨勢來看，會有多少其他國家開始仿效這項政策？這對國家的進步有何幫助？」「為何美國做為基督教國家，卻能發展出這樣的政策？」

你可能會開始蒐集更多資料，然後提出假設「美國雖然是基督教國家，但由於近幾年科技創新的爆發性成長，使得科學知識更廣泛普及，人們開始用科學的思維方式看待宗教，這減少了宗教教條的說服力。加上美國國民普遍自豪國家的開放自由態度，人權又受到高度重視，人們對同志的接受態度也因此少了許多阻力。當宗教和社會態度都不再對同志進行打壓時，歐巴馬在這個時間點宣布開放同性婚姻，可說是沒有太大的壓力，而且能讓他名留青史、提高聲量。」

說白了，「自我思考」就像是個只有自己一個人的考場，問題和答案都由自己提出。你可以搜尋資料，也可以閱讀更多相關訊息；但最重要的是，你必須嘗試給出屬於自己的答案，並力求正確。

當然，事後你可能會對自己有所質疑，覺得自己的假設沒

有根據，於是便會尋找更多證據去證明或推翻自己的假設。你會參考支持自己的論點，也會參考與自己相反的論點——把自我思考再延伸得遠一點、久一點、深一點。

到最後，你可能會發現自己一開始提出的假設其實是經不起推敲的，甚至是完全錯誤的，那也沒關係。因為你知道，你已經完成了一次思考練習，正確能使我們熟練，錯誤將使我們謙卑，無論如何，你下一次提出的假設都會更好。

但機械人不吃這一套。不鼓勵自我思考的填鴨式教育體系，讓他們覺得世上所有或大部分的問題都已經被其他人解答，他們的任務就只是找到這些答案，然後嘗試去記住而已。

而且他們還會認為，自己想到的答案，別人也一定想得到，那不如直接找到別人的答案，豈不是更省時省力？

他們完全沒有意識到，每問他人一次問題，雖然可以得到一個現成的答案，卻會少了一次自我思考的機會，也就是少了一次訓練自己思維的機會。短期看來，現成的答案當然最方便；但如果放長遠來看，你將失去成為一個有思想者的機會。

機械人把自己歸納為普通人、正常人，或者一般人，他們極力維護自己「正常」的身分，因為大家都是這樣的。而那些會提出自己想法的人都是在裝清高、自我炫耀。

他們將自己與那些創造豐功偉績的人物劃分開來，將天才和大師視為一種無法抵達的境界，並認為自己，甚至是自己身邊所有人，都不會是那種人。

殊不知這些所謂的天才和大師，其實與你我無異，都只是普通人。

「別人總是比我更好」的錯覺

阿裡有一次去拜訪木都時，木都正好在家打著文件，便請阿裡先坐在一旁等候。阿裡是個木匠，平時就不太接觸電腦，他在旁等待時看見了木都在鍵盤上飛快的打字節奏與速度，便讚歎道：「你真是厲害啊，手指也太敏捷了吧？我可是連打一個詞都得找老半天，老婆都看得不耐煩了，我這種人應該怎麼練都不可能做到你那種程度吧。」

木都繼續打著字，笑著回應：「平時我老婆都會在我修理傢俱時嫌我笨手笨腳，把傢俱愈修愈爛。那天我看見你熟練做著木工，左右手異常協調地錘著釘子的樣子，心裡浮現的是和你現在一模一樣的想法呢。」

如果你想讓自己的能力變強，你就不該限制自己的能力，別斷定一些自己還不會、還做不到的東西以後就都做不到。你必須意識到，只要你肯稍微研究一下，就會知道在你在周遭所看見的「神乎其技」，不過是別人眼中再平常不過的事情，沒什麼好羨慕的，你也一樣可以擁有。

美國著名精神科醫師史考特・派克（M. Scott Peck, M.D.）所著的《心靈地圖》（The Road Less Traveled）❶一書有個很好的見解。他相信，只要透過思考和身體力行，任何人都可以做到自己想做的事情，儘管事實如此明顯，但選擇走上這條路的人依然很少。

或許是因為機械人們都認為，選那條比較多人走的路才是正常的吧。

---

1. 簡中版譯為《少有人走過的路》。

天分是否與你無關？

你和一幫好友相約去打保齡球，你們都是第一次嘗試。幾個回合之後，高下立分，同樣是第一次玩的朋友們分數都比你高，你的名次排在最後。

晚餐時，大家都稱讚排名第一的朋友好厲害，好有天分；而對你，他們並沒說些什麼。有些人拿你開玩笑，有些人則告訴你不用在意排名，那只是遊戲而已。你當然不會放在心上，因為你立刻就說出了一個大家都會認同的見解：「看來我沒有打保齡球的天分。」

在你的認知中，「天分」是怎麼一回事？「天分」代表什麼意思呢？

如果一個人在打保齡球時擁有卓越的成長速度，是否能證明他就是有打保齡球的天分？

那這打保齡球的天分，是否就像命中註定一般，只是某些特定人群才能擁有的東西？

如果你愛打保齡球，但沒有天分，是否就意味著你命中註定不應該走職業保齡球選手這一條路？

一般認知中，每個人都有他獨特的天分，所謂的「天生我

才必有用」便是指這件事。

　　但事實卻不然。我所知道的是：許多人無論在哪一方面都沒有天分，甚至難以證明自己擁有天分。

別搞錯天分的意思

　　首先，天分不是用來安慰自己的藉口，做不好的事情就是沒天分，瞎忙也沒用；做得好的事情就是有天分，不用努力也可以有所作為，這一種說法極其膚淺。

　　若我們只用「有沒有天分」這項單一因素去思考，不需要動腦筋，「答案」就會自動浮現。但你我都知道：真實的答案總是由許多不同因素造成的。

　　在現實中，如果要推斷一個人是否能在某個領域有所作為，得從多方面去考慮，就像是檢驗一顆蘋果一般。你需要從每一個角度去觀察，甚至打開來看看裡面是否已經潰爛、嘗一口看看味道好不好，才能夠得出真正的答案。

　　可是現實生活不是檢驗蘋果，有許多生活因素都是看不見的。譬如一個人是否能成大事，你無法從外表上看出來；而且

你也不可能像品嘗蘋果一樣，去品嘗他一口。

　　不過，你還是能透過一些觀察，去推測出一個人可能屬於哪一種人。

盲目學習的程式

　　在學習事物的時候，機械人顧名思義就會像機械一樣，在學習時機械性地輸入資料，工作時機械性地進行操作、機械性地輸出材料。他們的身上彷彿長著一顆按鈕，只要別人一按，他們就會順著別人的意願去做（儘管他們有時會不情願）。

　　這些是機械人最容易被看出來的一點。機械人嘗試把所有的資訊都輸入到腦袋裡，即使他們知道自己並無法像電腦那樣準確地記憶所有東西。

　　我曾經學過 3D 動畫設計，畢業後才發現導師只教了我們軟體的運用技巧，但卻沒有教會我們製作出漂亮動畫的思維。擁有技巧不代表就可以做出漂亮的作品，就好像你會用鍋鏟，不代表你炒出來的飯就會好吃。後來我向導師表示了這一點，他只給了這個建議：多做、多看、多參考。

這不只是藝術設計這一行通用的道理，也是其他領域共通的法則。同時，這也是很好用的廢話。

有什麼不會的？多做、多看、多參考，你就會了啊。

這也是機械人的學習聖經，記不起來怎麼辦？無法理解怎麼辦？重複啊，就不斷重複，直到他們**以為**這些資料已經清清楚楚烙印在腦海裡，然後在一兩年後淡忘掉，這就是機械人的學習模式。

因為機械人對學習的概念是不完整、沒條理的。如果一個人不懂得如何學習，只知道一味地重複把知識吸收進去，最終必定難以讓思維突破到更高境界。

但這當然不能怪罪於任何機械人，從小到大沒有人會教導我們怎麼擺脫無用的、習慣性的重複；一般教育也不會告訴我們不要從眾（聽話、乖巧與從眾幾乎同義），我們身處的大環境幾乎決定了我們身上一定會有機械人的特性。

沒有人真心甘願成為最普通的大多數，但同時也沒有多少人知道怎麼讓自己變得出眾。有些人能找到突破口，開始讓自己擺脫這個枷鎖；有些運氣較差的人則無從獲得突破的機會，也從沒想過突破自己的思維，因而一輩子都被困在機械人的思維裡打轉。

如果不從機械人思維中突破，最有可能的結果就是和其他機械人一樣鬱鬱不得志，平庸一生。

要是你想要能在這世上有一番成就，就別當機械人。

但是，要怎麼突破呢？

無法被找到的興趣

「興趣」做為一個人人皆知的重要因素，雖沒有萬能的效果，但卻能為一個人帶來可說是革命性的改變。

興趣會對一個人造成什麼影響呢？

興趣能帶動思考，思考則會推動成長。對於你感興趣的東西，你願意投入大量的時間去學習，你願意花費一整天的精力投入其中，並且感到滿足。興趣還能讓你產生新的目標，而強大的思維非常需要明確的目標。

可惜的是，大部分人並不瞭解什麼是「興趣」。

「興趣」並不是一般人想像的那般「命中註定」，或是在偶然之下產生。正是基於對於興趣的誤解，造成許多人經常抱怨：「不是我不想去實現自己感興趣的事情，而是因為我找不到自己有興趣的東西啊！」

問題從來不是找不找興趣，而是找不到。但為什麼我們總是找不到呢？

因為你打從一開始就不應該去尋找興趣，它不可能被找到。

興趣其實像愛情，有些人對興趣是一見鍾情，有些人對興趣則是日久生情。當一個人對任何一個領域一見鍾情的時候（例如：下棋、畫畫、心理學、科技、金融等等），就會有「我找到我的興趣了！」的感覺，並迫不及待想要嘗嘗做這件事的滋味。

理想的情況是，這件事情有一定的挑戰性，但不足以難倒你。在接觸了之後，你覺得自己做得很好；或者有人給予你肯定、讚賞後，就會讓你感到滿足，獲得成就感。**這些滿足和成就感是興趣的肥料，能讓興趣生根發芽，長高長大。**這樣是最理想的情況，像一對伴侶一見鍾情，相處後自然而然地在一起，真心相戀，眾人也都給予他們最高的祝福，最後兩人開花結果。

但值得注意的是，不是每個一見鍾情都會開花結果，因為現實未必會給你最理想的情況。

例如，某人對某個領域一見鍾情，產生了「這可能是我的興趣！」的感覺；但當他嘗試去接觸之後，卻覺得自己怎樣都做不好，完成後也沒能獲得任何人的肯定，甚至遭受恥笑、看輕。這種情況下，他很可能就會拒絕再接觸這個領域，興趣自然也胎死腹中。這就好像當你在路上遇見一位吸引你的人，你

也覺得自己一見鍾情，於是你向對方搭訕，但對方的回應卻是一臉不屑，冒出一句「給我滾遠一點」、「去死吧」。

這時你還鍾情不鍾情呢？下面還有個故事：

有個孩子在上美術課時，正在為卡通松鼠著色，但因為蠟筆顏色中沒有淺泥色的選擇，他無法塗出松鼠腹部的真實顏色（松鼠腹部的毛是白色，但野生松鼠的白毛通常混雜泥沙，因此呈現少許淺淺的泥色）。

這時孩子心生一計，在松鼠的腹部用蠟筆塗上巧克力色，再用指甲刮鬆紙表的蠟筆顏料，自然留下淺泥色印記，形成自然的顏色。

孩子完成了作品，隔壁一位年紀較大的同學卻跑過來嘲笑他：「錯了！哪有人這樣塗顏色的！傻子！」

孩子一聽之下惴惴不安，彷彿自己犯了什麼滔天大錯似的，立即用巧克力色蠟筆將腹部塗上顏色，試圖想遮蓋掉自己的錯誤。美術老師見狀，趕忙過來糾正：「你不要聽他亂說，剛才的松鼠明明很好看啊？為什麼不留著呢？」可惜孩子已經糾正不過來了，自尊心也受創，那天過後，孩子不願再上美術課，也不再用心畫畫了；而一直到長大，他的畫畫技巧依然停

留在那個時候。

　　這位擁有一顆玻璃心的孩子其實就是我，我雖然曾經學過動畫設計，但在畫畫方面卻怎麼畫都畫不好。因為對自我的無法認同，導致興趣被抹殺，也導致了一個天賦的沒落（後來我才明白，藝術家作畫的技術都是打破常規的）。

　　直到後來我瞭解了這一點，才有了改變。

　　無論剛開始看起來多麼「感興趣」，一旦這件事失去他人的肯定，尤其是自我認同，興趣就會受到打擊。一件事情若失去成就感的滋養，自然產生不了興趣，最後不了了之。

電玩與興趣的共通點

　　興趣無法被找到，只能靠自己培養出來。

　　如前所述，就算你對某個領域一見鍾情，彷彿自己找到了興趣，但還是得看接下來的接觸和嘗試是否能為你帶來成就感。如果帶來的是否定，你就不會持續鍾情下去。

　　但除了一見鍾情之外，還有另一種情況──接觸該領域時

一開始並沒有覺得怎麼樣，只是純粹好奇。在慢慢深入瞭解和學習該領域後，**才從過程中得到樂趣、滿足感、成就感。**

　　這情況就好像某些情侶一樣，一開始大家只是朋友，沒有什麼「一見鍾情」的感覺，只是因為某一次的談話或互動讓彼此有了更深入的瞭解，最後雙方都覺得可以在一起看看。雖然剛開始也沒有很強烈的愛意，但隨著時間流動，雙方因為互相理解而愈來愈喜愛對方，而且可以持續很久。

　　阿裡最近剛換了一臺新的智慧型手機，當然，如果不是舊手機壞了的話，他是絕對不會換的。因為阿裡以前常說，智慧型手機太過複雜，日常生活的事情已經夠繁瑣了，他堅信智慧型手機只會讓生活更煩，而且上面還沒有實體鍵盤，輸入資訊一點也不方便。

　　起初阿裡對自己手機的功能並不太在意，只是用來發發簡訊、接接電話而已。直到有一天，同事偷偷的在他的手機瑞安裝了一款叫《部落衝突》的遊戲，這遊戲後來改變了阿裡對手遊的認知。

　　當阿裡見到手機桌面多了一個圖案，他在好奇心的驅使之下點了進去。一點進去就不得了，這多元化的兵種、豐富的畫

面，以及多樣化的升級設定，讓阿裡慢慢著了迷。

　　首先遊戲開始的關卡全無難度，大致上都是讓你熟悉操作介面，懂得升級自己的部落。當你覺得毫無難度，略感無趣之時，你的部落新增了一個新的兵種，你非常好奇這新兵種有什麼作用，於是你又再挑戰另一個關卡，看看這個兵種的作用。

　　但這關卡與往常不同，它有點難度，這激起了你的挑戰欲望，讓你玩得入神。破關之後回到部落，你發現你又有足夠的金幣升級部落了，不升白不升，先升級再說。但這個遊戲也不是隨便就能獲得金幣，你需要等個十多分鐘才能蒐集金幣，於是你說好吧，我先去忙別的事。

　　說忙是忙，但忙到一半，你心想是時候蒐集部落的資源了，接著又趕快拿起手機，按光部落上的金幣，看看有什麼可以升級，足夠兵力的話還可以打上一仗。

　　隨著自己的實力增加，難度也開始增加，每一次破關都讓你覺得心情舒爽。你還可以去侵略他人的部落，當你成功打敗真實的玩家時，你的成就感倍增，那感覺非常過癮！

　　後來阿裡在吃晚飯的時候，也會忍不住拿起手機，打開遊戲趕快按幾下，這時他才發現，他已經上癮了！

其實培養興趣的秘訣，早就被遊戲世界濫用許多回了。就像是玩手遊一樣，你剛開始或許只是出於好奇去接觸，甚至根本沒想過自己會在上面付出大量的時間。

事實上，當你剛開始玩時，你絕對不會有一玩就覺得很爽很開心的感覺（有些遊戲根本就不會讓你笑得出來）。但當你透過累積遊玩時間，讓遊戲世界裡的人物和自己的操作能力變強，使遊戲裡的敵人戰敗於你之下，並因而產生莫大的滿足感和成就感之際，你對這款遊戲的興趣自然飛速成長，而且源源不絕。

一個好遊戲一定會設計出有挑戰性的新鮮遊戲模式，才會有足夠的趣味讓人持續玩下去，玩家才能在遊戲中獲得征服和勝利的成就感。

一旦成就感建立完成，興趣就可以說是初步成型了。

若以遊戲設計的這個方程式（挑戰性 ＋ 成就感 ＝ 興趣）來類比現實生活，我們可以推導出，一個人若要建立新興趣，首先他必須大膽的接觸新領域，並從這個接觸中得到持續的能力回饋（表示破關，完成任務）和正向回饋（主要是來自他人和自我的認同，物質上，例如獎金的作用一般較為次要），這樣就有可能培養出興趣。

但這只是培養興趣的第一步。就算有了興趣，在時間的推移之下，我們容易感覺到興趣正在逐漸喪失；尤其是在興趣成為工作之後，就很難再產生像剛開始時的熱情。

事實上，培養初期的興趣並不困難，困難的是維持興趣。

這又產生了一個新的問題：有了興趣之後，我們要怎麼維持熱情呢？

興趣的續命丹

為什麼把興趣變成工作的人，會逐漸失去他原有的興趣？

一個人如果長期如機械般重複著一樣的事情，太久沒有獲得突破，或是長期沒有具挑戰性的東西可以征服的話，就會很快產生「這可能不是我的真愛」的感覺，因為這些過程毫無成就感。

為什麼一定要有成就感？

管理學裡有這樣一個道理：「如果一份工作沒有挑戰性，那麼即使薪水夠高，員工還是一樣會跳槽。」

這聽起來有違直覺，又輕鬆又有錢拿的工作，怎麼會有人

不喜歡呢？放棄這樣的工作不做，不就等於俗語說的「犯賤」
了嗎？

　　但萬沒想到的是，現代科學的證據竟然支持了這一點——
我們的確是「犯賤」的。

　　而且這個「犯賤」機制就藏在我們的大腦中。

　　美國神經科學家大衛・林登（David J. Linden）博士在
他的著作《愉悅的秘密》（The Compass of Pleasure）❷ 中
介紹，有一小撮神經元控制著我們人生裡的一切愉悅感，這撮
神經元就叫做「愉悅迴路」，無論是當我們嗜吃高熱量食物、
瘋狂跳舞、失心瘋購物、追求性高潮還是學習等時候，都會啟
動這一撮愉悅回路，人類的愉悅感就是發生在這一小撮神經元
上。

　　接著，他提到一個經典的科學實驗——舒爾茨猴子實驗：

　　實驗準備了一系列機關，並將猴子放在配上機關的籠子
內，同時在猴子的大腦內插入電極。

2. 簡體中文版譯為《愉悅回路》。

　　實驗開始，工作人員首先輸送了一滴糖水，獲得了糖水的猴子如預測般，產生愉悅的情緒，腦中釋放出大量多巴胺（可以理解為愉悅物質）。接下來，工作人員讓籠子裡三種不同顏色的燈隨機亮起，三種燈分別代表「有糖水」、「沒有糖水」和「百分之五十的可能會有糖水」。當綠燈亮時，輸送一滴糖水做為獎勵；當紅燈亮時，則沒有任何獎勵；當藍燈亮時，會有百分之五十可能有獎勵。

　　經過一連串的隨機亮燈後，工作人員觀測到猴子在綠燈亮起時就立刻產生了愉悅情緒；當紅燈亮起時，猴子則沒有產生愉悅情緒。

　　這一切都在預料之中，但令工作人員驚訝的事情發生了。當籠子裡的藍燈亮了起來，意味著管子會有百分之五十的機率會輸送糖水，另百分之五十則無任何獎勵。而猴子的大腦做出的反應竟然是——釋放出比綠燈更多的多巴胺，猴子產生了更大的愉悅情緒！

　　當猴子看見藍燈亮起時，腦袋立刻如看見綠燈時，在 0.2 秒中釋放出大量多巴胺，然後回到正常的水平線。但與亮綠燈不同的是，在那剩下的 1.8 秒延遲內，猴子大腦的多巴胺水準再次逐漸升高，直到結果揭曉的那一刻！

　　簡而言之，猴子在面對「不確定性的獎勵」時，所感受到的愉悅感竟然要比「確定性的獎勵」來得高。❸

　　這實驗結果聽起來有違直覺，你可能覺得猴子會「犯賤」，但人類不會，然而人類和猴子的大腦其實有許多相似之處。如果從人類容易沉迷於賭博的種種跡象來看，這實驗結果其實也不太叫人意外。

　　回到興趣這一道題，如果愉悅感和成就感是相似的（可能在腦神經的角度上根本是同一個感覺，《愉悅的秘密》一書中也有提到學習能夠啟動愉悅回路），那我們基本上可以做出這個推斷──要持續為興趣供給源源不絕的成就感，方法之一就讓自己處於一定程度的「不確定性」之中，以保持愉悅回路的持續啟動。

　　這當然不是要你把自己推向不安全、不確定的危險地帶，而是**要你不斷的在自己的興趣上，嘗試新行為，挑戰新的極限。**

---

3. 大衛・林登（David J. Linden）著，覃薇薇 譯，《愉悅回路：大腦如何啟動快樂按鈕控制人的行為》（電子書），中國人民大學出版社，2014 年 12 月，Loc1766~Loc1880。

這時的你，應該為自己設立更高一些的目標，讓自己去完成一些有挑戰性的事情。正因為你對這些事情抱持著不確定性，不知道自己是否真能夠完成，因此才會在工作時感覺有趣，在完成時感覺有成就感。

當然，這不是叫你設下自己無法完成的目標，挑戰自己無法完成的事情，這只會導致挫敗。心理學家認為理想的難度比例是 50% 比 50%，亦即你自認至少有一半的成功率。

讓自己直接面對朦朧的未知吧。正因為不知道前方的風景會是什麼樣子，才使你更想向前探索。

史蒂夫・賈伯斯（Steve Jobs）曾說過：「求知若渴，虛懷若愚。」（Stay hungry, stay foolish.）

我想，這是因為他意識到了挑戰新事物和新極限的重要性。

很多人因為興趣而進入某一行之後，才發現這一行「不是我真正的興趣」，但那其實是錯覺。

並非這份工作或該領域不是你「真正的興趣」，而是因為工作可能太過機械化，或是太多日復一日的例行性作業，讓你無法獲得成就感，興趣才逐漸消失。

於是你覺得，興趣能夠帶給你的愉悅，已不復存。

　　當你開始產生這種「這不是我真正的興趣」的念頭，興趣就會逐漸枯萎。如果情況得不到改善，你也沒有做出任何突破自己的嘗試，導致成就感斷絕，為了找回成就感，人就會本能地開始尋覓其他事物來證明自己，又倒退到尋覓興趣的時期。

　　這也正是為什麼那麼多人都喜歡做一些不賺錢的興趣，甚至是需要花錢的興趣，**因為在內心深處，他們為的不是利益，而是心中那小小的成就感。**

別只是淺嘗，還要深入

　　有一次，我邀請同事去品嘗越南咖啡，同事一聽是越南咖啡，就立刻抗議：「我聽說越南的咖啡很普通，又沒什麼特別，我們不如去喝星巴克吧？」

　　但在我的堅持下，同事還是妥協了。咖啡館開在比較偏僻的地方，若不是熟客，根本不可能知道這間咖啡館的存在。

　　咖啡送了上來，同事啜飲了一口，眉頭一皺：「哇！太苦了！」同事繼續說道：「果然這種咖啡不適合我的口味。」

　　我不慌不忙地把咖啡端了過來，打開咖啡杯蓋子，用茶匙

稍微攪拌了一下，咖啡底層的煉乳這才與咖啡相互融合，我說：「你現在再嘗嘗看吧。」說罷把咖啡端回去。

　　同事見咖啡顏色變淺了，又啜了一口，深鎖的眉頭頓時鬆緩了下來。他讚道：「嗯！真的如你所說的那麼香呢！」

　　如果你真的想獲得興趣，就千萬別只是蜻蜓點水，要儘可能深入、儘可能耐心品嘗。也不要帶著主觀色彩去否定一門學問，因為只有當你深入一門學問，你才能看到表面上所看不見的東西；而這些東西，或許就是你一生「追尋」的寶藏。

　　興趣就像顆種子，你需要以成就感當作肥料、滿足感當作水分去滋養它成長，當然也少不了自己或身邊的人如太陽般的肯定。萌芽的階段是興趣的開始，生根是開始深入學問的景象，然後不斷地持續成長、持續深入紮根，最後結出豐盛的果實，果實裡的種子再度落地生根。這樣的良性循環會一直重複下去。

　　興趣不是找出來的，而是培養出來的。

　　這些興趣的果實會讓你產生一種使命感，一種「我生來就是為了做這件事」的使命感。

　　於是你成為了機械人之外的第二種人——天賦人。

第二種人：天賦人

　　你是否曾經遇過這樣一種人：他們什麼都不擅長，就只擅長某項他們非常感興趣的東西？他擅長的項目可以是畫畫，但並不僅止於普通的美，而是在你周圍之中最出類拔萃的一位，甚至讓你產生一種錯覺，覺得他就是個天才。

　　但是，對於其他不擅長、不感興趣的東西，他則和普通人完全沒有差異，甚至比一般人來得糟糕，他只會在自己所擅長的領域裡發光。一旦把這種人放在他不怎麼感興趣的領域之中，他會立刻打回原形，變成一個普普通通的人。

　　他們被稱為「有天賦的人」。

　　天賦人擁有一種使命感，一種讓他們無法停下來的強大信念支撐。這一種使命感，或者說信念，正是由興趣迴圈轉化而成。

　　這種信念是他們人生路途中最強大的武器，讓他們可以從低潮中很快爬起，在重重障礙中披荊斬棘。天賦人就是在這種強烈的信念驅使之下，在自己的領域裡不斷「玩耍」，才得以累積出成就。

他們總是好奇，為什麼旁觀者的想像總是那麼天真——以為某個人天生就擁有某種天賦，於是就成為了天才，過程中甚至不用付出任何努力。

殊不知天才所付出的努力程度，遠比平凡人要多上許多，他們看起來毫不費力，是因為他們享受過程。

當一般人每天只花一個小時解數學題時，數學天賦人可是一整天都在思考數學題。

根據記載，數學王子高斯（Johann Carl Friedrich Gauss），從小就在閒暇時以數質數當作娛樂；當他緊張的時候，也會用數質數的方式讓自己冷靜下來。

他並非在需要的時候才去做數學題，而是將數學融入自己的生活之中，成為自己呼吸的一部分。

他在走路時思考數學題，他在吃飯時思考數學題，以此粗略估計，他每天至少都會用好幾個小時暢游於數學的海洋之中。如果跟他相比，一般人或許只會花上一個小時來解數學題。

天賦人一直樂於挑戰興趣之中的新事物，而每一次成功，都讓他們對自己感到更加自信，有一些天賦人甚至會自信得狂傲。

可能有人會持反對意見：「天才的思維是常人無法解釋的，他們一定是天生就有一種常人沒有的能力，才會想得到一些大家一輩子都不可能想到的東西。」

也有可能有人會提出：「數學天才是因為擁有數學天賦，所以才能享受學習數學；一般人沒有這種天賦，也就不可能像他們那樣高頻率地學習數學。」

這些想法雖然看起來很對，而且非常符合直覺，但只對了不到一半——科學家們在近年的共識是，基因，亦即天賦的來源，對一個人的成就固然有影響，但這影響比一般人所以為的低上許多，只占了 40% ～ 50% 左右。

我從小就被灌輸一種觀念：如果你做不好某件事情，或者做得沒別人那麼好，就代表你不具備那項天賦，同時也意味著你永遠無法在這個領域裡獲得更高的成就。

但後來我逐漸意識到，擁有天賦固然很好，但沒有天賦並不代表你註定無法獲得成就，以前環境灌輸給我的觀念是錯的，甚至可以說是「有毒的」。

我告訴自己，與其依賴天賦這種不確定、不可控的因素，那倒不如找到一條你可以確定、可以控制，適合自己的路。

例如，成為第三種人——進化思維的人。

第 2 章

那些進化思維的人

思維進化的三種維度：

成為時間的朋友，對品質斤斤計較，認識你的敵人。

決定人生的三種因素

一個人從誕生到死亡之間發生的所有事情，是由什麼決定的呢？

具體來說，一個人的童年是否快樂、青年是否優秀、成年是否成功、中年是否幸福、老年是否可愛，這一切是由什麼來決定呢？

答案是三個因素——**基因、環境、自我思考**。

你可能會問，還有運氣呢？

在我看來，運氣是這三個因素的共同產物。舉例而言，一個因為賭博而輸光了家產的人，不能只怪他運氣差，也能歸咎於他是個缺乏思考能力的賭徒，沒意識到賭場輸的機率總是高於贏的機率；也能歸咎於先天的基因，基因決定了賭徒是否更容易沉迷於賭博；也能歸咎於環境，環境和身邊的人間接影響了賭徒是否會更頻繁接觸賭博。

基因、環境、自我思考，這個簡單的三分法能解釋人生軌跡裡發生過的絕大多數事情，也能解釋那些大獲成功的人為何能有如此成就。

　　其中，基因和環境因素對個人的人生軌跡的影響最大，這不難想像。舉個極端的例子，以阿爾伯特・愛因斯坦（Albert Eistein）為例，假設愛因斯坦一出生就被診斷出有基因缺陷，大腦的前額葉無法正常發育，那麼他就不可能成為世人眼中的天才。

　　除了基因缺陷之外，基因也決定了人體各個分泌物質的強弱程度（如多巴胺、睪酮素）、腦部各區域大小的些許差異，這些對人類早期性格成形擁有直接的影響。例如，較容易獲得多巴胺的人比其他人更容易滿足、樂觀；容易分泌睪酮素的人則競爭心更旺盛。這些功能上的差異若有少許不同，愛因斯坦就不會是我們今天所知道的愛因斯坦。

　　又假設愛因斯坦出生在非洲而不是德國，那麼縱使他沒有基因方面的缺陷，也會因為非洲的教育環境落後，而無法獲得足夠的物理學知識，他甚至不會走上物理學研究之路。

　　基因和環境因素對人生軌跡的影響很大，這顯而易見。但這並非我想探討的重點因素，因為我們無法控制自己的基因和出生的地方，執著於探討我們無法控制的東西，其實作用不大。

　　我們可以控制的，只有自己的思考。

　　如果你想控制自己的人生軌跡，就不該讓自己專注在基因和出生環境這兩個不可控的因素，你應該專注在第三個因素——自我思考。

　　但是，思考就能帶來成功嗎？

你控制不了未來，但你控制得了自己

「思考能帶來成功嗎？」

這個問題在許多人心底都已經有答案，可以分成兩派，一邊是樂觀派，一邊則是悲觀派。

在樂觀派的眼中，思考不但能帶來成功，甚至是成功的關鍵因素，一個不懂得思考的人不可能獲得成功，就好像一隻豬不可能會爬上樹一般。

當被問及環境對人的影響時，樂觀派會辯解道，在舊時代社會資訊貧瘠的環境下，自我思考對人生軌跡的影響的確微不足道，井底之蛙再努力思考，也只能想到井底內的事情，無法想像井底之外的事情。環境是座可怕的圍牆。

但環境中原有的知識圍牆正逐漸被瓦解（儘管物質的圍牆還在），過去掌握在貴族手中的知識，現在幾乎所有人都能（透過書本和網路）獲取。而這意味著，**以前只有一部分人才能看到的可能性，現在普通人也能看到了。**

知識為那些擅於思考的人提供了絕佳的武器。在遇到各種困難的時候，他們會善用知識和思考的力量，想出比別人更多

更好的方案，創造更大的價值、做出聰明的決定。這些聰明決定當然會帶領他們前往更成功的未來——甚至能一定程度地改造、影響身邊的環境。

在樂觀派眼中，思考和成功的因果關係看起來就是鐵錚錚的事實；但在悲觀派的眼中，這些不過是「事後諸葛」的論證。因為即使所有成功人士都是擅於思考者，也不能證明透過思考就一定能獲得成功。

想像有一個非常博學，而且思考能力高超的智者，寫出了一本曠世巨著，你可能以為他只要拿著這本書去出版，就能獲得社會上巨大的迴響。但事實卻不然，因為這位智者可能是出生於中世紀的人物，他寫的東西可能極大地冒犯了當時的社會和宗教觀點，如果他想出版著作，輕則很難找到願意出版的機構，重則出版後可能會遭到迫害，無論他寫的內容有價值與否。

就算他死後才聞名，但死後才獲得的價值，對於已死之人來說，等於沒有獲得價值。

從這個例子來看，就算你再怎麼懂得思考，如果所處的時代不允許，就可能毫無用武之地。一個人的成功固然要靠思考能力，但環境是一個更大的因素。

悲觀派會告訴你，一個人要取得成功真的太難，這世上幾乎沒有一樣東西能保證你能獲得成功；而那些為別人取得成功的方法，卻可能在你身上失效，事實多次證明成功無法被複製。例如以前工業革命時，有許多靠工業大獲成功的人物，但若讓他們從零開始，在現代重新創業，很可能就無法那麼成功；從前那些靠房地產起家的方法，也無法在這個時代重新複製。

從這個思路延伸下去，你會發現有許多成功似乎都是運氣使然，如果這個時代網路沒有被發明、資訊革命沒有發生，那馬雲、馬化騰 ❶、馬克・祖克柏（Mark Zuckerberg）和賴利・佩吉（Larry Page）❷ 這些靠網路成功的世界富豪，他們是否還能成為世界富豪呢？

悲觀派給出的答案是：不能。在那種情況下，他們的生活頂多只是過得不錯，但絕對不會是世界富豪。運氣在這世界扮演了決定性的關鍵。

---

1. 騰訊創辦人。
2. Google 創辦人之一。

　　我非常信服於悲觀派的論證，一個人是不是馬雲的兒子，或者有沒有遇到一些好人好事，的確很大程度決定了他的人生軌跡，這是不爭的事實。正如經濟學諾貝爾獎得主、《快思慢想》作者丹尼爾‧康納曼（Danniel Kahneman）所說：「成功是實力加上運氣；巨大的成功，則是多一點點的實力，和許多的運氣。」

　　但我雖信服於悲觀派的論證，卻不能認同他們的態度。**因為就算運氣的確扮演了重要的角色，但這不代表被動地等待運氣的到來是明智的選擇。**

　　一個人就算控制不了環境的大洪流，控制不了世界，但至少他得要能控制自己的成長進程。

　　只要他持續為自己進行認知升級、持續進化自己的思維，當他的思維能力達到某一個程度，就能夠看見自己原本無法看見的東西。他可能因此而發現一個嶄新的創業機會，或者某個別人無法預想的投資機會，然後藉此獲得改變生活的能力。只要他的運氣不算太壞，他的確可以憑藉思考獲得一定程度的成功，以及增加成功的機率。

　　他必須樂觀地前進。如果他是一顆耀眼的星星，那環境這朵烏雲只能一時遮蔽他的光芒，而不會導致他熄滅；只要他持

續發出光芒，那麼當烏雲移開時，他就會為世人所知。

同時，他必須擁抱悲觀的事實。環境可能不只是渺小的烏雲，而是巨大的黑洞，將他所有的光芒都吸收，讓他永遠無法被發現。

一個人無法知道他的環境是烏雲還是黑洞，但如果他想要被發現，那對於他來說，**持續發亮是唯一理智的選擇。**

思維進化的路可以說是每個人唯一能控制的路、唯一能走的路，也是唯一會讓人看到希望的路。

這條路沒有所謂的終點，你只能選擇不走，或繼續走；這裡也沒有所謂的最終結果，就像生命一樣，只有過程，沒有結果。

思考真的能帶來成功嗎？

這個問題，只有你自己的思考能給出答案。

思維進化的三種維度

思維進化可以從不同的三種維度同時進行：

第一個因素是「時間」。你不會因為做了某個訓練就忽然變成很厲害的人，成就卓越需要時間，讓自己優秀也需要時間。所以你要和時間做朋友，**讓自己每一天成長 1%，累積進步，這樣你每過 3 個月，就能為思維完成一次全面升級**。這是最基本的因素。

有很多可以讓自己每天成長 1% 的方式，你可以一天看 20 頁書、寫一篇一千字的文章，或隨便找個問題展開思考。隨著時間推移，你可以加碼成一天看 40 頁、一天寫一篇兩千字的文章，或思考更深奧一些的問題。

每天成長 1% 很重要，但別忘了注意一件事：你必須關注這 1% 的成長品質。它是品質良好的 1%，還是不怎麼好的 1%？

如果你今天看了本神棍寫的書，以為裡面的知識是正確的，但其實內容卻具有誤導性，或者根本就是過時的，而你被蒙在鼓裡——結果就是，你以為自己成長了 1%，但實際上卻

是倒退了 1%。

　　再說，你選擇和時間做朋友，時間也有權利和別人做朋友。當你今天成長 1%，無論其品質是好是壞，總有人更努力的每一天成長 2%，比你多出一倍，他們可能幾個星期就能完成一次思維的升級，讓你望塵莫及。

　　不過，這個世界不是單純在拚速度，也不是說誰比較努力就誰能優勝，如果他們付出兩倍的努力要超越你，那你先別急著用四倍的努力奉還，而是該用更聰明、更快的方法超越他們。

　　如果別人跑步跑得比你更好、更用力，你應該開車超越他們。

　　這就要說到第二個因素：「品質」。

　　別只是盲目地用努力與汗水和別人較勁，最關鍵的東西永遠是你思考的方式。

　　當你擁有正確和有效的思考方式，你的效率就會比別人更高，可以用更短的時間做到更多的事情。當別人拼了命一天才成長 2%，你能做到每一天成長 5%，而且是有品質的 5%，甚至能比他人更快提升到更高的思維層次。

　　但要提升學習和成長的品質，這件事遠非三言兩語能說清

楚。我們的時代資訊氾濫成災、資訊種類繁多，其中有些資訊能加速我們的成長，有些則會誤導我們。關於提升學習和成長品質的訣竅，我在另一本著作《深度學習的技術》裡有大篇幅的詳細解說。

最後，思維進化之路需要你懂得如何和敵人相處、應對敵人。

第三個因素是「敵人」，但誰是敵人？

敵人有許多，這裡我只講三個你最可能遇到的敵人——自我限制、盲從，以及拖延。

我們先從第一個敵人談起。

不做自己

少年從網上看到這句話「無論如何，做回你自己」後，覺得感同身受，然後他想：「對啊！我的人生屬於我自己，為什麼我要過得如此虛偽？為什麼我要假裝得這麼辛苦？為什麼我得在乎那些人的感受？這一些通通都是那些虛假之人的面具，我決定，我要做回我自己！」

從此他苦苦尋找自己，可是他並不知道「自己」到底是什麼。沒有人能告訴他解答，他應該才是最清楚「自己」是什麼的人，然而他卻對此一無所知。

於是，他開始跟隨他的「心」，「心」想做什麼他就做什麼，他變得極其容易受情緒控制，因為「心」總是多愁善感。他難以獲得進步，因為「心」往往只會帶他去做他喜歡做的事情，轉而逃避那些需要艱難的付出與努力才能獲得的成長。

他開始以他的「心」做為標準，去塑造一個不存在的「自己」。他開始回想，可能還是學生時期的自己最棒吧！因為那時自己過得最真、最快樂。我就做回那個「自己」吧！他將自己套上枷鎖，把自己侷限在一個過去的標準，在其他人成長突

破的時候，他還是站在原地，開心地把玩著自己的枷鎖。

他相信只有做回「自己」才是真理，才是生命的真相。

「做自己」的想法之所以荒謬，是因為「做自己」是沒有規範、沒有參考體系，也沒有依據的。就像一個漂浮在大海上的人，一望無際，沒有任何依靠，也沒任何可以捉住的東西。如果你還是硬要將自己侷限在這片海裡，最終必徒勞無功。

你無需定格自己，因為你本身就是那一片大海，擁有無數的可能性。

你是如何定義「自己」的呢？

其實我勸你還是別想這個問題，「自己」是不需要被定義，也不可能被定義的，你該定義的不是「自己」。

因為人的思維是永遠都不定型的，猶如水一樣，它會受環境和身邊的人影響，會因為痛苦打擊而改變，也會因為成就快樂而更加堅定。

「自己」在被打擊後又做出改變，成功後又變得更加堅定，這個循環不斷的過程，才是人類自然學習的過程。

成為水吧

自己可以被分為三種：過去的自己，現在的自己和未來的自己。

過去的自己是你當下的籌碼，現在的自己則是你未來的籌碼。

千萬不要拿過去的自己當作是現在的自己，因為現在與過去的你已經不一樣了。如果還是一樣，那就證明你已經停止成長了。

別讓過去侷限了你，讓你的思維像水一樣吧。可以擁有任何形狀，可方可圓，有時平淡、有時天馬行空；能成為一杯水，也能成為一整片海洋。

我們的心裡住著一位藝術家，他把水倒進玻璃容器裡，讓水的形狀得以定型，讓水的美麗形態得到固定。但可以肯定的是，過不久後他又會覺得不滿意，於是把水倒出來，做出另一個形狀的容器，將水又再倒進去。

每當水被定型時，我們就能獲得片刻的寧靜與清晰，但這位藝術家好像永遠都不會滿意他的作品，他總是挑剔，總是在

追求更好、更完美的作品。

　　有時候好不容易做出了一個自己非常滿意的作品，在幾個星期之後，他又會覺得還可以再改進。他每隔一陣子又會為玻璃容器換一個形狀，有時只是稍微修改，有時則直接打碎重來，看著水再一次獲得新的形態，他就會滿意地靜下來欣賞。

　　可是你知道他不會真的停下來，直到生命結束的那刻。

　　「成為水吧，我的朋友。」（Be water, my Friend.）李小龍如是說。

片段式生存

　　「自己」本就不存在，所以有人踏破鐵鞋也覓不著，有人跌得遍體鱗傷也依然「找不到自己」。

　　因為**「自己」不是找回來的，而是用一個個的時間片段逐漸創造出來的。**

　　時間不會停止，而人生本來就由時間片段組成。每個片段的你會不停成長、不停變換、不停淘汰上一個片段的你。所有

的這些片段，會猶如毛毛蟲蛻變一樣，讓你逐漸變成某個不一樣的你，也就是不一樣的「自己」。每一個片段，都是在一點一滴地塑造著未來的你。

而且最重要的，這是你想要成為的自己。

認真思考一下，你最想成為的自己、最理想的自己，是什麼樣子呢？

當你的思考得出答案後，請儘可能仔細描述，並寫下來、收起來。經過一個星期後，再把你的結果拿出來重新審視一番。

你要認清這結果也只是個片段，你知道在下一個片段，你想要成為的「自己」可能又不一樣，又變得更好了。沒關係，先把上次的結果放一邊，寫下新的思考結果吧。

於是，你開始片段式地以一種前所未有的速度成長，在這過程中不斷粉身碎骨，不斷重生。

定義「自己」就像是回答「生命的意義是什麼？」你無法用單一或寥寥數個事物概括生命的意義，成功不會是你生命的意義，夢想和愛情也不是。

唯一的答案是：**全部**。

不是嗎？過去的你、現在的你和未來的你；所有一切已發

生、正在發生的，還沒發生的事，都是你生命的一部分，也就是你「自己」的一部分。

「自己」就像是一個巨大的藍圖，你必須將一個個片段做為答案，逐一將空白的地方給填上，才能看得清楚整個真相。

當你願意淘汰上一個片段的自己，你的進化才得以開始。

斬斷盲從

現實是個迷宮，當我們在這個迷宮苦苦尋找出路時，面對的不只有迷宮，還有共同參與迷宮的人。有些人會對你視若無睹，有些人則會熱心告訴你要往哪走。

但你是否要採納他們的建議呢？如果你不採納，可能就錯失了機會；但如果你相信了他們，你又無從得知他們說的是否正確，他們會不會在無意中為你指了一條死路呢？

我們到底該不該聽取他人的建議？

我的前老闆曾好心地給過我建議，他對我說：「我曾經奮力追求成為知名的設計師，擁有更高的收入，讓身邊的人快樂，然後做一些對自己有意義的事情。但二十年過後，我看開了，我不想當什麼有錢人，也不想做什麼驚天動地的事情了。錢夠用就好了，日子過得去就好。」

然後他告訴我：你不必很有錢，錢不會讓你快樂，不要在乎成功，要承認平凡就是幸運。儘管我很尊敬他，但我無法接受他的說法，因為當時我看見的不是什麼人生的大道理，而是一雙受到現實摧殘而夢想破滅的眼睛。

他或許向現實低頭了，但我肯定還沒。

這世界有著許多不同的聲音和建議，有的會讓你成長、有的會讓你感到挫敗，有的則會讓你安於現狀。你必須分辨哪些是好建議，哪些不是好建議。其中有許多雖是好心勸告，但卻有可能不是你所需要的。

如果我接受了我前老闆給的意見，放棄拼搏的想法、專心享受「平凡」人生，我會因此而開心嗎？

可能會。但想到我會得過且過地工作，幾年過後看著別人超越自己、看著自己的無能為力時，我會覺得不甘心，我會感到後悔，討厭那個沒嘗試拼搏過的自己。現在回想起來，我慶幸自己沒有因為老闆的意見而動搖。

大多數時候，他們並非特意要毒害你的思想，而只是想告訴你自己對世界的看法，希望你少走彎路；但萬萬沒想到會變成「好心做壞事」，在無意中打擊了你前行的步伐，左右了你的進程。

當然，也有不少好心的建議在對的時空出現時，會是金玉良言，能大大改善你對世界的看法，讓你少走彎路。

這可能讓你落入兩難的情況。你不能怪那些好心人給出了不好的建議，他們可能是真心為你好；但你又不能武斷地否定

他人的建議，萬一他真能幫到你呢？

到底該不該聽別人的意見？

某次和兩位朋友一起去吃午餐，朋友 A 是肉食主義者，無肉不歡；朋友 B 則吃素，吃素的原因不是因為宗教，也不是為了環保。當時朋友 B 剛開始吃素不久，我和朋友 A 都感到好奇，問他怎麼突然就不吃肉了呢？

他說：「我上次看了人類宰殺動物的紀錄片，我無法接受自己是如此殘忍的一份子，所以才開始吃素。」

朋友 A 用欠扁的語氣說：「哈哈哈！你別天真了好嗎？你一個人阻止得了什麼嗎？好吧，從今天起你少吃一隻雞，我就多吃一隻雞！」

我馬上觀察朋友 B 的表情，要是他掀桌子那我得快閃。但意外的是，朋友 B 非但沒有生氣，還陪著笑了起來。我見情況沒不妥，就接過 A 的話問 B：「其實你也知道自己改變不了什麼，甚至也改變不了別人，那你所做的又有什麼意思呢？」

B 稍微嚴肅了起來，說道：「我不是想要改變些什麼，我

只是不想讓別人改變我自己。」

所以，我們不應該聽別人的意見嗎？

有一位女性朋友情場失意，變得消極至極，幾乎逢人就問：「我想等他，但我不知道自己到底該不該堅持下去，等他回心轉意？」

我們都知道她的心意，她想堅持，但又覺得無望，也不想讓自己變得如此卑微，於是只好「詢問意見」。她心底其實希望我們告訴她堅持下去，她想聽見自己想聽的話。

但當時我回答：「別等了，不可能。」

有一天她傷心崩潰地說：「為什麼你們都不支持我！朋友不是應該支持朋友的嗎？！你們還算是朋友嗎？！」

我說：「那麼身為朋友，就應該連你吸毒的時候也支持你嗎？正因為是朋友，才不想讓你痛苦下去。」

那我們果然還是應該聽別人意見囉？

阿裡說：「應該聽。」

木都說：「不應該聽。」

「為什麼不聽呢？你總有一些盲點是你自己看不到的啊！

你總得多聽別人的意見，才能改善不是嗎？」

「我有我自己的想法，輪不到別人來講。況且，你能滿足所有人的意見嗎？他們有時候要你往東、有時候要你往西，到底誰才是誰生命的主人呢？」

兩人都有理，但都愚昧至極。

軟硬兼施

我們不妨簡略地分類這兩種人：一種是總是聽從意見、受別人的意見影響，非常在意別人看法的「軟人」；另一種是愛堅持到底、不接受意見，對別人多管閒事很反感，總是要「做自己」的「硬人」。

或許你已經猜到我想說什麼——人生中無論什麼情況，我們都需要展現兩種不同的性質，才能做出好的決策。

一般的看法總是簡單地認為「聽意見就是沒主見，不聽意見就是自大」。

所以你得有主見地聽意見：搞清楚自己想從意見裡得到什麼。

聽從意見的你表面像個軟人，謙和有禮，聽完意見還會說
聲謝謝；但內在的你是一個硬人，知道意見當然要聽，而且有
多少就要聽多少。但你不會全盤接受，也不會盲信，你知道再
好的意見也僅能當作參考。你最終還是得自行過濾哪些意見可
取，無論對方是不是你最信任的人。

所以你得有自信地不聽意見：有錯就承認，沒錯就拉倒。

許多人提建議時，會把話說得像是惡意批評。這裡面或許
包含了事實，但因為這些話傷害到我們的自尊心，我們會本能
地拒絕接受。

明明對自己有幫助的資訊，卻礙於自尊心而不願意接受，
這就成了自負。

你得搞清楚自信與自負的差別。

自負者看不見自己失敗的可能性，也不願讓人指出他的弱
點，只願意聽見好聽的話。

自信者則總是警惕自己的弱點，並清楚瞭解自己可能失
敗。不同的是，自信者不會逃避弱點，因為有能夠化解的自
信。

如果對方沒說中自己的缺點，那沒什麼；如果真的被說
中，那還得趕快道謝，畢竟真話不是那麼容易聽得到的。

你得學會分辨出什麼是真話。

好的意見只有一種

這世上有很多壞的意見，你會遇到不了解你狀況的人給你一些沒用的意見，例如「只要堅持就能成功！」這乍聽正確，但細想就知道並不適合用在所有情況上，而給出這麼簡單的意見，是因為他想像不到：你必須面對的問題，對你來說是何等困難。

還有不少損人利己的意見，例如「道德綁架」，亦即有人會以道德倫理來對你說教，以達到規範你行為的目的。又例如「情緒勒索」，亦即以某種負面情緒為籌碼（一般是生氣和沮喪），以逼迫你聽取他們的意見。

所幸的是，壞的意見有很多種，但好的意見只有一種，你只要掌握這一種好意見就行了。這種意見只會出現在一種情況下，那就是**「自己思考後得來的意見」**。

其實世上的意見、看法無分對錯，但有分適合你和不適合你的，也可以分成你目前需要和你目前不需要的。

「只要堅持就能成功！」在你求學的時候很好用，但在你追求對你感到厭惡的異性就未必好用了。

「道德綁架」的意見雖然不一定是為了你著想，但有道德本身並不是壞事。

還有諸如「不要冒險」、「做好自己」、「快樂就好」、「趕快換工作」等等意見，它們可能都是對的，也可能都錯得離譜。

世上意見並無好壞，只是為你提供一個去看事情的角度。

每個人都有自己的盲點，而他人有時會從我們做夢都沒想到的角度去看問題，並幫助我們打破盲點。這可能會為你帶來極其有益的洞見。

你要做的，就是抱著開放心態，試著從他們提供的角度看一眼，稍微動動腦筋自己下判斷。你可能會發現對你有用的，那很好；也可能會發現對你沒用的，那也無所謂。

總而言之，你要試著不盲從、盲信任何意見，但同時要能抱持開放心態考量他人的意見。

不盲從，你的思想叢林才不會遭到入侵者的破壞或毒害。

傾聽意見，你的進化路徑才會變得更多樣化，也才能夠多出更多的可能性。

打破拖延

　　拖延幾乎是每個人都會面對的事情。一件事情現在就可以開始做，偏要拖到明天；明明現在就可以往前一步，非要等到下星期。

　　拖延對於大部分人來說是難免，但或許可以透過改變思維習慣，來達到有效改善。

　　為什麼人會拖延呢？

　　想像你自己正要開始執行自己訂定的計劃，這個計劃可能是昨天訂的，可能是前天訂的，也可能是一個月甚至一年前訂的。這計劃是你的目標，但你總在拖延，也因此覺得懊惱。假設這個當下，要正在看著本書的你立刻去執行這個計劃，哪怕只執行半個小時，或者十五分鐘，你會不會去做呢？

　　不會。

　　你肯定不會現在就去做，你的思緒會不斷尋找理由，諸如：現在很晚了、現在太早了、我晚點要出門、我晚點要吃飯、明天才有時間做、我後天休假再來專心做、我想吃完飯再做、我想睡醒再做、我想先上個廁所、我想先滑一下手機……

云云。

綜合以上的藉口，你會發現自己的思維方向有一個連鎖的共同點——「未來」。

你之所以產生藉口，是因為你思考的方向是未來，而未來意味著無限可能、不確定性，也意味著「你還有時間」。不只如此，當你想像自己要去執行這個計劃時，你還會有其他因素出現，像是「沒挑戰性」、「提不起勁」、「沒動力」、「沒必要現在做」等等。

而這就是造成人們拖延的「思維陷阱」。

你沒有未來

知名培訓師李炫華曾說過一個故事，我覺得很讓人受用：

有個年輕人感到非常懊惱——他對未來感到非常彷徨，也非常迷茫。他覺得自己什麼都做不了，也什麼都不想去做。

他獨自一人來到海灘散心，吹吹海風。海灘上有一個老人，看出了年輕人臉上的無奈與懊惱，於是問道：「年輕人，

什麼事情讓你這麼煩啊？」

　　年輕人先是愣住，然後不好意思地回答：「沒什麼事。」

　　「我看得出你在煩惱，年輕人總有些時候會如此，我也年輕過，能夠瞭解。」

　　「是嗎？其實……我在煩惱我的未來……」

　　「未來？」

　　「是的。」

　　「哈哈哈哈！年輕人，你並沒有未來。」

　　年輕人先是錯愕，隨後一股怒氣湧上心頭，我雖然還沒有什麼作為，但你也不能否定我的未來啊？年輕人吃驚的表情上升起一絲憤怒目光。

　　老人表情淡定地望著遠方的大海，彷彿絲毫沒察覺到年輕人的忿忿不平。

　　「年輕人，你沒有未來，只有現在。」

　　既然目標還這麼遙遠，當然是「長命功夫長命做」，明天再開始吧。接著明天過後又是明天，無限期地拖延下去，你當然知道這個道理，但你就是無法控制自己一再拖延。

　　況且有些時候，困難並不來自眼前那一步，而是當你一眼

望去，發現自己竟然還有一萬步的時候。

　　一座新的小鐘被安放在古老的大鐘旁邊，兩座鐘每過一個小時就會響一次。

　　小鐘看著老鐘心生敬意，問道：「老爺爺啊，你已經敲了多少次鐘響？數了多久時間呢？」

　　老鐘回答：「八萬七千一百一十一次鐘響。」

　　小鐘一聽立刻驚呆了，八萬七千多次，那是多麼艱辛、多麼漫長的旅程啊！

　　小鐘敬佩地說：「老爺爺我好佩服你啊！如果是我的話，一定做不到像你那樣的豐功偉績。」

　　老鐘回答道：「沒必要佩服我，你只需要照顧好你眼前每一擺的秒針，每一次的鐘響，就可以做到了。」

你真的不需要「未來」

陳凱斯（Keith Chen）在 TED 演講〈你的語言會影響你的儲蓄能力嗎？〉❸，有個非常有趣的結論。這裡我概括一下他的結論：

人的儲蓄習慣，會因為語言（你用來思考的語言）的不同而導致差異。如果你的思考語言對於未來的描述愈精細，民族擁有儲蓄習慣的比例愈低，因為未來感覺太遙遠；相反地，思考語言對未來的描述愈少，民族擁有儲蓄習慣的比例愈高，因為未來感覺不遠。

以此推論，你可以想像，如果你的思考語言裡面沒有「明天」、「後天」、「下星期」和「下個月」，你至少可以獲得兩個好處：

---

3. https://www.ted.com/talks/keith_chen_could_your_language_affect_your_ability_to_save_money?language=zh-tw

　　第一，語言描述的缺失，這會導致你產生一種「現在」和「未來」分不開來的錯覺，未來就是現在。

　　第二，當你想到要執行計劃時，你無法有一個精確的時間來安慰自己，慫恿自己拖延。你知道未來要做這件事，但具體是什麼時候呢？抱歉，你並不知道。結果你的選擇只剩下做與不做，並沒有現在做或以後做的選項。

讓自己留在家吃飯

　　所以，我們要如何改善拖延？如何降低拖延？

　　請讓自己儘量擁抱「現在」，並排除「未來」這個選項。你可以想像自己是個不知道什麼是未來的人，你只知道你可以現在就做，你知道你此刻其實就可以做。你需要的是把自己的選擇限縮到眼前，專注於現在。

　　曾經有一個資深催眠師告訴我，當他需要工作時，最好的方式就是不要想任何事，坐下來就開始做，無論他人在哪裡。除此之外他想不到更好的方法。

　　例如，當你要進行寫作時，哪怕你發現自己只有十分鐘的

時間，接著就得出門，你也要立刻寫作十分鐘，就算只寫一分鐘都好。

什麼？連一分鐘都爭取會不會太辛苦了？

其實並不辛苦，許多人連上個廁所、進個電梯都能拿出手機，然後漫無目的地滑個一分鐘。我從沒聽過他們抱怨辛苦。

你只有此刻，你只能選擇此刻。因為當你的選擇包括的是你一生中的整個未來時，就像是進入一個可以任吃一百多道菜色的餐廳。這一百道菜色就像是你的一百個藉口，每一道菜都可以填飽你的胃，安撫你的心。這麼多的選擇，這麼多個明天，你怎麼還會顧得上原本的計劃呢？

如果你是在家吃飯，在你面前只有兩道菜的話，你當下就只有眼前這兩種選擇。如果還不讓你選什麼時間吃，你也就不會多想什麼，立刻就會開始動筷子了。

容我再重複一次：

沒有未來，只有現在。

第 3 章

跳出思維的牢籠

　　一位楚國的武器商在市場上賣矛與盾：「我賣的矛世上最鋒利，可以刺穿任何的盾；我賣的盾世上最堅固，可以抵擋任何的矛！」言論引來各路英雄好漢前來圍觀。

　　一人走向前調侃：「說得這麼厲害，那用你的矛去刺你的盾，會有什麼結果呢？」惹來眾人大笑。

　　武器商冷笑一聲，道：「哼！我只賣一支矛與一面盾，而且矛與盾一起賣給同一個人。你該不會傻到在面對敵人時用自己的矛刺自己的盾吧？」

　　語畢，眾人競相搶購，矛與盾的價值一下子水漲船高。

跳出死胡同

　　我曾經問過朋友一個古怪的問題：「如果你有第三隻眼睛，你希望可以看到什麼？」

　　她遲疑了一下，回答說：「別人內心的真實想法吧。」

　　「為什麼呢？」

　　「呵呵，我也不知道，第一個念頭就是這個……或許是為了更能與人好好溝通吧。」

　　能直接看到別人的真實想法，的確是許多人夢寐以求的能力。市場上有許多關於讀心術、解讀肢體語言等書籍都相當暢銷，證明了有許多人都期望能更清楚別人的真實想法。

　　但人們忽略了一點：問題其實從來不在於他們是否能得知別人的想法，問題是就算他們知道了，也一樣解決不了問題。

　　舉個例子：一對夫婦晚上看電視時，丈夫想看新聞，而妻子想看綜藝節目，但電視機就只有一臺，兩人堅持己見互不相讓，終於吵了起來。

　　試想，這時的他們難道不知道彼此要的是什麼嗎？當然知道啊！雙方都很清楚各自想看的節目，也都知道對方希望自己

妥協，但有用嗎？衝突還是一樣發生了。

　　如果只看到對方的想法，但看不見解決方法，那還是一樣解決不了問題。

　　朋友反問我：「那你想要第三隻眼睛能看得見什麼呢？」

　　我說：「可能性。」

　　被譽為二十世紀達摩的靈性導師喬治‧葛吉夫（George Ivanovich Gurdjieff）❶ 建立了一個名為「第四道」的哲學體系。其中有一個很實用的哲理，稱作「三力一體」，假設世間萬物都存在三力一體的作用。

　　認識這個哲理對思考和解決問題有極大的幫助。

　　什麼是三力呢？

　　簡單來說，三力的第一力叫「積極力」，是你想達到的目標；第二力是積極力的對立面「消極力」，是你達到目標的對立因素，也就是障礙。

　　現在，回顧剛才那對夫婦的爭執，丈夫和妻子各自都有本身的「積極力」，他們眼中的對方都是相對的「消極力」，兩

---

1. 簡稱「葛吉夫」，20 世界初顛具影響力的前俄國神祕主義者、哲學家、靈性導師。

人都想用自己的力量控制對方。

　　丈夫的方法或許是講道理，以讓自己的「力」更大；妻子則可能用委婉的方法逼迫，用情緒來加強自己的「力」，兩人表面上是為公平而爭執，暗地裡其實都想讓對方附和自己，想讓自己的「力」大於對方，並獲得主控權。

　　兩種力碰撞造成的結果只會是互相抵觸碰撞，一方面的施壓只會讓另一方更大力的反彈，碰撞的結果就是夫妻間發生爭吵，最後兩人都不再有心情去看什麼節目，什麼事情都沒有完成。

　　或許有人會想，解決方法就是其中一方妥協，互相配合就不就好了嘛。這是大多數人的想法，但是並不是個好答案。

　　假設丈夫最後在爭執中取勝，爭取到了看電視機的權利，因為妻子做出了讓步、妥協。表面上衝突是停止了，但妻子內心可能會忿忿不平地記住這次委屈，輕則在下一次抵觸時以這次的妥協為籌碼來反擊，重則累積起來一次性爆發。

　　只要第一力和第二力一旦抵觸，就一定會造成反彈。大多數的情侶爭執都有類似的情況，一方配合、一方得逞，但配合的那一方未必是心甘情願的，而是暫時性的忍讓。單方面的妥協只會讓反彈暫時緩和，反彈力只是隱藏在看不見的角落，而

不會完全抵銷。

這時，該讓第三力出場了。

第三力是不讓這兩力碰撞的「中和力」，也就是轉化衝突，達到推進的力。「中和力」指的是除了兩方的力之外的第三力。

以前面的夫婦為例，如果出現一種情況，例如：妻子的綜藝節目臨時被延後播出，那麼兩人就沒必要爭執了。這裡，「節目延後」就是第三力，丈夫可以順理成章地看新聞。

又例如，丈夫的朋友忽然來電相約，他得出門一趟，那麼「朋友相約」就是第三力，妻子可以 順理成章地看綜藝節目。

當然，現實生活中你總不能等著第三力如前述那般偶然出現，而是需要自行製造出第三力，並用其轉化衝突，讓事情圓滿地朝著你要的方向前進。

講回上面的例子，假設你是丈夫，那你可以上網幫你的妻子找到該綜藝節目的頻道，讓她用平板觀賞，這樣既能避免衝突，又能同時滿足自己的意圖。

我再舉一個我們生活中常見的例子：你認為自己的車子太舊了，正在考慮要不要換一部新的；但另一方面又覺得車子雖

然舊，可是畢竟還能應付日常所需，換一部新車會是一筆不小的花費，你希望可以謹慎一點。

　　你因此而猶豫著，這就是決策中典型的兩力抵觸，俗話中的「矛盾」和「左右為難」。

　　你可能幾個月都在這種想法之間徘徊著，無法做出決定。只要兩力抵觸就會難以獲得進展，直到第三力的出現。

　　第三力可以從很多方面出現，如果在你考慮期間你的車子忽然壞了，需要的維修費用所費不貲，那你很可能會選擇直接買一部新車；又或者這時正好你家遭竊，為了往後的安全著想，你用那筆錢為在家裡安裝了保全系統，買車自然就不了了之了。

　　除了這種偶然的第三力之外，還有另一個就是你主動創造的第三力，例如：考慮請妻子或家人一起分擔、考慮更優惠的貸款、改裝翻新現有的車子、尋找年份較新的便宜二手車。

　　如上，儘快脫離二選一的死胡同，從第三個選擇去達到自己的目的，往往就是最有效率、最有可能讓你達成目標的方法。

　　人類的注意力很容易被前兩力的衝突吸引，只看得見衝突和矛盾，卻不願去思考其他解決問題的方案，也不願思考其他

的可能性。

當你還不知道第三力其實一直都在時，你總以為事情已經沒有其他選擇。人類並沒有天生發現第三力的本能，大多數人對選擇的態度都是「說一是一，說二是二」的非黑即白。

但只要打破這種非黑即白的思維牢籠，你就會發現：在生活中的許多事情，第三力都扮演著關鍵的角色。回顧某件事的發生時，你會發現第三力能帶來許多可能性。

每當我想到這點，我都會感到惶恐，惶恐地思考，我真的已經沒有選擇了嗎？還是我還沒發現那看不見的可能性？

我不知道。

所以我繼續思考。

跳出單一思維

「客觀」是許多思想家追求的品質。但要怎樣才能客觀思考呢？

我們不妨看看老子怎麼說，老子曰：「道生一，一生二，二生三，三生萬物。」❷

但什麼是「道」？

我不敢說我懂老子怎麼想。但我對「道」的詮釋就是「全部」的意思。

例如，從一個生命的誕生開始，到一個生命的結束；從無到有、從有到無，這生命的全部旅程，就是生命的「道」。又例如，一門學問從無到有，這一個學問的全部，就是學問的「道」；如茶「道」，說的就是茶的全部。

為什麼非要稱為「道」呢？因為「道」有分大道小道，生命是大道，而大道有許多小分支，如愛情、娛樂、事業，全部

---

2. 語出老子《道德經》第四十二章。

都是不同的小道。當你把這些都看成一個個的道，你就會發現：這些道全都是相通的。例如愛情和娛樂無法劃分開來，你總是和你的愛人一起尋找娛樂；又例如你會為了你的愛人而更努力拚事業等等。

因此，「道」是複雜的、連貫的，但同時又是整體的、簡單的。「道」就是「一切」。

那什麼是「一」？

「一」是僅有的、律則的、一維的，彷彿是真理般存在的。

當一個人的思維模式是個「一」時，他會無法發現到其他可能性，他心裡就只有這麼一個「一」的存在。當然，「一」也有它的好處，即是專注、簡潔。但愈是簡潔的東西，就省略了愈多的細節。

而死腦筋是必須付出代價的。

小麗是個很隨和的人，別人拜託她的事情她從不拒絕，即使自己感到委屈也還是會答應，她就是不懂得如何拒絕別人。她因此覺得非常懊惱，有時會為了自己吃虧而生氣，但氣完之後還是無法進一步改進。於是我問了她一個問題：「你知道隨

和的反義詞是什麼嗎？」她想了好久，給出了許多答案，竟然沒有一個是正確的！

最後我把答案告訴她，並告訴她，她之所以答不出，是因為這個意義在她的潛意識裡沒有地位。她恍然大悟地哦了一聲，然後說道：「原來我的心裡不存在『原則』這兩個字。」那是因為她當時的心裡只存在一個「一」，你可以把「一」看作任何單一的觀點與看法。

（注：這種問題是 NLP 裡的一種技巧，用來試探當事人的「限制性信念」。舉個例子：如果當事人的潛意識裡認為自己是沒有勇氣的，你可以用反義詞來問他：「懦弱的反義詞是什麼？」若一段時間裡他都答不出來，即他的「限制性信念」是成立的；若他答得出來，則他的情況並沒有想像中那麼糟糕。）

思維模式單一的人，可以很專注，也可以很瞎。

那如何突破「一」的局限，讓思維進入到「二」的開闊呢？

你需要看到事物的陰陽二象性。

陰陽二象性

就以《心靈雞湯》來舉例吧。

大多數《心靈雞湯》的故事和文章，有一個普遍的共同規律，就是他們的單一性，這些文章和故事大部分都是屬於「一」的模式。怎麼說呢？

《心靈雞湯》類的文章通常一次只宣揚一個狹窄的觀點，其常見的模式如：小明堅持，最終得到成功；小明包容，也得到成功。

《心靈雞湯》的論調總是很單一，其故事情節讓你只看見很狹窄的可能性。這不怪他們，他們不是存心想害你，只是因為人性本就偏愛確定性的單一，喜好簡單的答案，大多數人都喜歡被告知：「只要你堅持，就可以獲得成功。」因為這樣的答案最簡單直接，又符合直覺。

小明創業兩年過後，因為市場不景氣，公司開始嚴重虧損，這個關頭的小明相信，只要「堅持」，必定可以熬過去。他把最後所有的積蓄都投入公司周轉，許多同行紛紛放棄時，只有小明選擇了堅持。

結果，小明的公司熬過低潮，盈利翻倍，他最終還是獲得成功。

這故事有什麼問題呢？

沒什麼問題。但如果我們把心靈雞湯的故事原封不動地重說一遍，只把結局換成壞的結局，那也一樣合理：

小明創業兩年過後，因為市場不景氣，公司開始嚴重虧損，這個關頭的小明相信，只要「堅持」，必定可以熬過去。他把最後所有的積蓄都投入公司周轉，許多同行紛紛放棄時，只有小明選擇了堅持。

結果，小明的公司仍舊不敵大環境，公司倒閉，他最終還是失敗了。

問題不出在心靈雞湯的故事不合理，它確實合理。但問題是，與它完全相反的故事也同樣合情合理。兩個故事版本相互矛盾，但又同時都是合理的。

我把這種合理的自相矛盾稱為「陰陽二象性」（啟發自物理學的波粒二象性）。「陰陽二象性」的存在，就像錢幣的兩

面，有正的一面，也有反的一面，兩面必定同時存在，哪怕我們只看得到其中一面。

例如，你在街邊看見一個乞丐，你把身上的一些錢施捨給他，你認為自己做了好事，這沒錯。但另一方面，你同時也是在無形中用金錢鼓勵他繼續乞討，儘管你當下完全沒有這個意圖。

又例如，你無償地寬恕了一個傷害你的人，你心裡好過不少，看起來也大方，這沒錯。但另一方面，這同時也是暗示著別人可以繼續傷害你，因為你會寬恕他們，他們對你做出傷害後並不需要付出代價或責任。

好事之中也包含著壞事，壞事之中也含著好事，就像是八卦圖裡，白的那一面帶著一點黑，而黑的那一面則帶著一點白。

二的左右為難

「二」是什麼？是陰陽、兩儀，是兩個極端、黑與白，是二元對立。而且「二」是聰明人愛用的思維模式。

　　思維模式為「二」的人，經常用二元對立的辯證法思考，例如「凡事都有對與錯」、「壞事也有好的一面」、「凡事要一分為二看」，這些名言非常好用，幾乎可以用來應付人生中任何情況。

　　譬如說，朋友發生車禍了，你可以告訴他：「壞事也有好的一面啊，塞翁失馬焉知非福，或許撞你的那個人是你的貴人，結識他以後可能會飛黃騰達呢。」

　　朋友生意失敗了你可以告訴他：「凡事都有好和壞啊，失敗乃成功之母嘛，繼續努力。」

　　和朋友的理財觀點相互衝突時，也可以用「凡事要一分為二看啊，把錢存銀行雖然保險，但投資也不一定虧錢啊！」諸如此類。

　　若你對這種二元對立的話術沒有警覺性，就會在不知不覺中自己選邊站，你會看不見對立面的真相，而是只看到它最醜陋的一面。

　　讓我們來講會小麗，小麗明白了「二」之後，她現在可以很隨和，也學習到原則了。

　　但你會發現她不過是一般的牆頭草，對於不想做的事情，她會搬出「原則」來狡辯；對於想做但不正確的事情則用「靈

活」來說服自己。

心理學上稱這種心理現象為「自利性偏誤」，指的是人通常會用對自己有利的因素來說服自己，讓自己有理由去做可以安撫自己心靈的事情，這是每個人都會有的心理因素。

工作時突然想玩手機怎麼辦？「靈活」一點，朝好的方面想吧，休息是為了走更長遠的路嘛。錯不在我，錯在老闆沒給我足夠的休息時間啊。

工作中被要求幫忙怎麼辦？做人要有「原則」一點嘛，總不能每次都幫他，讓自己吃虧啊。錯不在我，錯在他總是要求別人幫忙啊。

思維模式為「二」的人，有時壞處多過好處。因為當一個人的世界同時存在天使與惡魔時，他們兩個會經常打架，很容易導致內心世界的混亂與不協調。

這會導致兩種結果：第一，讓人變得極其猶豫不決，不知道要怎麼辦才好，總是陷入矛盾的對決之中。

第二，讓人變得極其無賴，如上面工作玩手機的例子一樣。所有站在對立那一面的，都可以用辯證法把錯歸在別人頭上；或將事情的好與壞都用來服務對自己有利的觀點，滿足、安慰自己的心靈。

　　當然，這一點如果出現在一個恰當的位置，可能就會造就一個政治家、成功的商人或者辯論家。

　　在認識到「二」之後，我們要突破這個數字，讓思維模式進入第「三」。

所謂客觀，位站於三

　　「非黑即白」是許多人會進入的思維誤區，但剛剛已經提到，世上的事情多是具陰陽二象性的。

　　而「三」是黑與白這兩個極端的中間點，是站在三角形的頂端，看著下方的兩個點在其左右。它是一種中立的角度，一個能看見更多可能性的角度。

　　試想你站在一道牆壁的正中央，從中央向左粉刷上了由淺至深到末端的黑色，向右則是由淺至深到末端的白色。換言之，你站在中間點看到的都是灰色，往左看是愈來愈黑的牆壁，往右是愈來愈白的牆壁。

　　最黑是一種顏色，最白也是一種顏色，但兩者之間的灰有多少種呢？

如果我們用電腦圖學來說明，那數量還不算多。一般電腦都是運行 24 位元（24-bit）的色彩深度，稱為「True Color」（真彩色）。從黑色到白色一共有 256 個色點（不加入七彩顏色），亦即有 254 種灰色。但如果是真實世界的顏色，單單是人眼能感知的色彩，灰色就有上萬種。

我們說回小麗。現在小麗意識到了「二」的思維方式並不完善，她還需要懂得站在中間點，隨時在黑白之間來去。

因此，她在父母的要求下變得隨和一點，儘量幫忙；在朋友的要求下也儘量幫忙，但一旦觸碰到了底線，她可以拿出原則委婉拒絕。在 A 同事要求幫忙時，她可以隨性一些，因為 A 同事人品不錯，懂得感恩，所以她選擇做些順水人情；在 B 同事要求幫忙時，她又可以有原則一些，因為 B 同事的為人不怎樣，會得寸進尺，所以她選擇斷然拒絕。

換言之，小麗可以隨著自己遇見的情況，適當地調度自己的選擇，她可以選擇很有原則，也可以選擇不那麼有原則，或是沒有原則。

若再細算分析下去，小麗一生針對所遇到的不同情況做出的不同選擇，何止千萬。

要跳出非黑即白的思維牢籠，不妨多注意黑與白之間的

灰，那才是隱藏著各種不同可能性的地方。

　　灰，才是人生的常態。

跳出短視

如果你打算拿兩千元幫助一位遊民，你會怎麼幫助他呢？

典型的答案有二：第一，直接把錢給他，讓他買東西吃之類的。第二，幫他改頭換面，買衣服給他，讓他去找份工作。

但這兩個答案都不是最好的。

當你施捨金錢給一位遊民，你幫助的只是現在的他，而不是未來的他。現在的他會把錢用來買幾頓飯吃，僅僅用來度過現在的難關，但你所給予的幫助無關他的未來。

當你幫他改頭換面、幫他找份工作，你幫助的是未來的他，卻沒有兼顧到他現在的燃眉之急。

最正確的做法，就是確保其中一千元是用在解燃眉之急，另外一千元是讓他裝扮一下自己，讓他找到一份工作。這樣的幫助會比較全面而長遠。授之以魚，不如授之以漁，但最好兩者兼施。

再舉另一個例子：如果你要找一份新工作，你會注意什麼因素呢？同一個職位，許多人第一個想到的是薪水，然後就是公司福利、環境和離家的位置；想得更遠一點的人還會考慮升

遷機會。

　　但我發現很少人會把「時間」這個因素也考慮進去。

　　我有一位做設計的朋友，雖然拿著看似優渥的薪水，但工作是責任制，他經常連續幾個禮拜都加班到深夜，薪水雖然比其他同行高，卻幾乎失去了所有的個人時間。

　　這看似沒有問題，對工作狂來說更是天經地義，但其實是一個可怕的陷阱。

　　首先，沒有個人時間，恰恰就意味著**沒有個人的自我提升空間**。絕大多數的工作都不會帶來永久性的能力成長。一般而言，你在同一個位子待久了就會遇上瓶頸，這時你的能力進步會有明顯的停滯。

　　有一個故事是這麼說的：

　　一位木匠向他的老闆說：「老闆，我覺得是時候幫我加薪了。」

　　老闆不慌不忙地問道：「哦，憑什麼呢？」

　　「就憑我在這裡工作了五年，我有五年的經驗！」

　　「是嗎？」老闆回答道：「在我看來，你是用了一年的經驗工作了五年。」

　　要突破瓶頸，往往需要額外的時間，更要用與往常不一樣的方法學習（我在《深度學習的技術》一書裡有詳細談過這個方法）。但問題是，工作佔用了你太多的時間，讓你沒有多餘的時間去學習與突破瓶頸，結果就是你的能力始終停滯在某個階段。我發現，這是很多人的現狀。

　　接下來的故事就是，老闆原想要在公司內部提拔某個人升遷，但由於內部員工都只表現出單一的能力和相同的瓶頸，於是老闆從外部請來了一個新人，他成了你的頂頭上司。

　　個人時間是突破瓶頸的重要資源。此外，個人時間也可以拿來籌備副業。如果你想創業，那麼個人時間就是你計劃策略的最重要因素。如果你連思考的時間都拿不出來，也無暇去尋找創業機會，怎麼可能創業呢？

　　就算一份工作的收入比較高，但如果它剝奪了你太多的個人時間，長期下來可能導致壓力爆發、身體每況愈下，或是倦怠期加速到來。

　　相比之下，薪水不錯或相對較低，但保有大量閒暇時間的人，就擁有更大的彈性和變化的空間。你不會被自己的工作阻礙其他出路，也不會讓它拖垮你的人生。

　　總而言之，思考任何問題時，要能夠把時間因素考量在

內，你才能做出有遠見的決定。

　　試著看見時間的影響力，試著思考時間會對你產生何種影響，就是最簡單的遠見思維。

跳出平庸

要跳出平庸，你就得跳出你的原有思考路徑，從新的角度思考世界，來看見你以往沒看見的可能性。

要做到這點，我有一個簡單的方法。那就是無論你身處何處，對於每一件所見所聞的事情都要進行自由聯想，並試著提出問題。

例如，當你喝著咖啡時，你可能會聯想到牛奶、拿鐵的由來、咖啡拉花的由來、咖啡的提神作用，直到其中一個聯想讓你開始產生疑問。例如當你想到提神作用時，你可能會想到除了直接把咖啡喝進肚子之外，是否還有其他方式能讓人透過咖啡提神呢？

會不會有人嫌沖泡咖啡太麻煩（哪怕是即溶咖啡），而希望能找到更快速的方法，在幾秒鐘之內裡就達到提神的效果呢？

產生了疑問之後，請不要立刻上網搜索答案，嘗試讓自己思考回答，給出自己的答案。如果真的沒有頭緒，才去蒐集資料。

　　這種做法聽起來可能會令人感到吃力，但卻很有效。人們就是習慣性對身邊的一切視若無睹，也從來不發問，才會看不見新的可能性。

　　從來不發問的人，不會發現別人沒發現的世界、想到別人沒想到的答案，當然也就看不到別人無法看到的創意。

　　對每件事物進行自由聯想與發問，講白一點，就是為了刻意讓自己對事物產生「好奇心」。自古以來，「好奇心」都是許多著名創業家、思想家、科學家、哲學家們一再推崇的品格。

　　我曾在網路上搜尋關於好奇心的名言，一共找出了五十位或更多說過要「保持好奇心」的名人（我只找了十分鐘），其中包括愛因斯坦、叔本華、瑪莉·居禮、山謬·約翰遜（Samuel Johnson）❸、馬雲、李嘉誠、賈伯斯。

　　為什麼這些大人物都那麼推崇這種心態？「好奇心」這個簡單的詞彙背後到底隱藏了什麼秘密，能讓各領域的巨人異口同聲地推崇？

---

3. 英國知名文學家，《約翰遜字典》（A Dictionary of the English Language）編撰者。

要瞭解這一點，首先我們要打破幻覺。

賦予意義

現在，請暫時放下書本，看一看你周圍的所有事物。

認清它們原本都無意義名稱：太陽本來沒有名稱，石頭也沒有名稱，直到人類發明了語言，太陽才被稱為太陽，石頭才被稱為石頭。

但石頭真的是石頭嗎？

在物理學家眼中的石頭不是石頭，他看見的是裡面的粒子受到作用力緊貼在一起，而組成的一個物體；在藝術家眼中這石頭不是石頭，而是一座大衛的雕像，只要剔除多餘而不屬於大衛的部分，大衛就會顯現出來；在原始人眼中這石頭不是石頭，而是一個用於襲擊猛獸的武器，將在猛獸頭上打開一個裂縫，讓猛獸被擊潰倒地。

可是你看到的石頭依然是石頭，石頭本無意義，當你觀察石頭的時候，你會發現它並不會告訴你它的名字是石頭，**所有的定義都是「人造」的。**

　　換句話說，我們所知的一切事物定義都來自人類，不是你、我，就是他。物理學家是這麼做、藝術家是這麼做，原始人也是這麼做的。

　　只有當我們抱持好奇心思考的時候，石頭才不會只是石頭，你可以看見石頭發生的可能性：可以用來裝飾家園、可以用來當作定情信物，也可以把它分成一堆粒子、一件藝術品，或一種武器。

　　沒有人能規定壟斷石頭的定義。只要你願意，你也能為石頭賦予你自己的定義。

　　一個孩子坐在花叢中央，正安靜地欣賞花兒的美。

　　花兒對他本來並無意義，因此他看見花兒各種不同的可能性。

　　在他的世界，花兒會說話、會打架、會變身。

　　直到大人說：「那裡有什麼好看？快過來這裡，你看這座建築物好宏偉啊。」

　　孩子的世界，又再因此遺失了一點點童真，大人正為孩子渲染上他們自認正確的定義。

　　孩子會擁有豐富的想像力，並不是因為他真的比你懂得想像，而是有太多事物對他來說並未被定義，所以他便把自己懂得的那一點點意義添加上去，才促成了那天真的想像。孩子的好奇心比你強，他們對事物接受的定義比你多上許多，他們可以將許多不相關的事情都聯想在一起。

　　但同時，我認為孩子的想像力也被過分誇獎了。孩子的想像力是可愛天真，但對大多數情況而言是缺乏實用價值的。你需要的不是孩子般的想像力，而是要理解他們想像力的來源──大人的想像力實際上比孩子強多了。

　　蘋果創辦人賈伯斯其實就是一個很有見解的人，他的見解常常被人形容成創意，儘管這兩個詞意相差不遠，因為見解和創意其實是一體的，**看得見事物的潛能，才會有去創造的可能**。

　　但如果賈伯斯告訴你他可以和向日葵聊天說話，或是看見大樹對他笑，你會覺得他很有想像力、很有創意嗎？

低級創意，高級創意

　　創意最直白的詞義，就是去創造一些原本沒有的事物，乍聽之下就是從無到有的過程。對嗎？

　　大錯特錯。因為創意是不可能無中生有的，所有創意都是有根源的。例如，人之所以可以想像出半人馬，是因為人和馬本來就存在於現實中。為什麼古代的人想像不出半人半機器？因為當時機器還沒誕生呢。反觀現代，就不乏半人半機器的想像。

　　同樣，縱觀歷史上每一個出自人類的想像，都可以找到其他實際存在的事物原型。你可以看到，外星人總是和我們一樣擁有四肢和大腦；你可以看到，海中的人魚有著與我們相同的上半身；躲在黑暗角落的鬼怪們的形象，也會隨著種族和文化背景差異而有所不同。

　　文學創作、科技創新和機械發明等一切事物也不列外。例如我所寫的這一本書，就是我吸收了各種實際存在的知識、接收各領域的學問精髓，再伴隨我的個人生活經驗與思考融合、啟發而得出。

　　瞭解到這一點，你就能明白創意其實並不難。事實上，創意是一種可以被習得的能力，甚至是一種每個人都有的本能。

　　會覺得創新很困難，是因為許多人依然以為創意就是無中生有，他們至今依然認為創意是一種天賦、一種天分，並且不相信自己也可能有創意，這種觀念是對創意最大的扼殺。

　　你有試過想出一個別人沒想過的方式來解決問題嗎？你試過用不同於他人的方式玩遊戲嗎？如果有的話，那就足以證明你擁有創意本能了。

　　但我也不是說創意就很容易，因為創意也是有高低之分的。

　　不符合現實、純粹「自 High」的創意，就是低級創意。例如瘋子的創意是可以非常出人意表的，他可以想到許多人想不到的東西，但那不代表這創意就擁有真實的價值，它們甚至時常是錯誤的。那麼，要如何確認一個創意是否有價值呢？

　　公認最能驗證價值的做法，就是讓創意通過市場和社會的測試。如果你的創意賣得出去，能獲得大家的認同，就能算是合格的創新。如果你的創意並不能帶給大家價值和樂趣，那就是典型的「自 High」了。

　　但如果每次要檢驗自己的創意，都得等到在市場上推出的那一刻，就實在太沒效率了。

　　高級創意的特徵有三，如果你的創意能滿足這三個條件，就有資格稱為「高級創意」：

1. 能在現實世界中實現、完成。
2. 總是能產生預期的效果，解決某項問題，或提供了某種附加價值。
3. 其效果是被他人所需要，或渴望的。

　　每個人的高級創意都會稍微不一樣，但必定是擁有市場與社會價值的。可以有效實現，方能稱為高級創意：

　　木都出生在一個充滿愛的家庭，父母都很疼愛他，並且積極培養他多方面的能力。當木都八歲時，他告訴爸爸其實食物們是會講話的。他把漢堡畫出來，為它加上四肢和五官，當然還有他最愛的超人劍，然後也畫上了其他食物。爸爸滿臉欣慰地告訴他：「乖孩子，你真有創意。可是為什麼你把漢堡畫得這麼英勇，卻讓蔬菜們變成了壞人呢？」

　　木都長大後唸了機械工程系。還記得有一次課堂上的導師告訴他們，一個出色的機械工程師，必須同時擁有好的技術和

好的創意。

「好的技術大家都能理解，但什麼是好的創意呢？」導師目光環繞全場，沒有學生答得出這個問題，他便自己接著說：「首先，好的創意必須來自好的技術。如果創意天馬行空，但不受技術支援，那這個創意也就無效；相反地，如果創意擁有技術的支援，在現實世界中可以用技術完成，那這個創意就是有效的創意，但還不是好的創意。」

「好的創意在於：這個創意是否能提升大家的生活品質。」

畢業後木都找到了一份工作，工作幾年後他厭倦了日復一日的生活，開始尋找其他的工作。無意中，他在網路上竟看見一個電影劇組正在招聘機械工程師，在好奇心與嘗鮮心態的驅使之下，他送出了自己的履歷，並獲得了面試的邀請。

這一天很快到來，面試木都的人不是什麼劇組人員，而是劇組的導演。導演看著木都的履歷，問他：「你的學歷沒什麼問題，技術經驗也符合我們的需求。但我想知道，你對創意有什麼樣的看法？」

「我認為好的創意在於有效的技術支持，還有這個創意是否能提升大家的生活品質。」

　　「很好的看法，但只是你們機械工程師的觀點。要到我的劇組工作，我們就必須達到看法一致。我們劇組對創意的看法並非是要提升人類生活的品質，我們要做到的是用創意啟發人類。你能認同這一點？」

　　「我能夠理解您的看法，但我不知道您想讓我這樣背景的人來這裡工作的目的是什麼？」

　　「你有看過《阿凡達》嗎？」

　　「有，很棒的電影。」

　　「你知道《阿凡達》的潘朵拉星球為什麼會讓人感覺如此真實嗎？因為那顆星球不是隨便幻想出來的，而是有科學理論和自我一致的邏輯在背後支持。裡面的山之所以能懸浮，是因為山裡的礦石含有常溫超導物質，人類前往這個星球就是為了這個物質。潘朵拉星球的磁場不穩定，因此在那裡進化的動物都具備比人類更強的感應能力，就連磁場不穩定的原因、星球附近的行星，你都能夠在空中看到。劇組甚至找來語言學家，為這個星球的人專門創造出一種語言。這一切你都可以在電影團隊出的一本書《阿凡達：潘朵拉星生物和社會史機密報

告》❹ 中找到⋯⋯說了這麼多，就是想告訴你，你的工作就是為我們提供專業意見，我們假想人類發現一個機械擁有意識的星球，而我們需要你來讓電影裡的機械原理和情節融合，讓觀眾們體會到不一樣的新境界。」

你想用你的創意達到些什麼呢？像上面的故事一樣，原因或許因人而異，但無論是哪種形式的創意，最終結果都必然會回歸生活、回饋生活，並啟發生活。

那是創新的唯一歸屬。

孩子的創意沒有邏輯與知識，天馬行空；大人的創意被邏輯與現實束縛，但更實際。能在兩者中取得平衡的，即是高級創意。

能在孩子與大人的思維之間來回切換的人，他們能看見更多可能性，又能落實可能性。

他們不受過去的框架限制，他們不斷地發問、思考。

他們打破了思維的牢籠——讓思想自由地進化。

---

4. 暫譯，原書名為《Avatar: A Confidential Report on the Biological and Social History of Pandora》。

第 2 部

Part 2

變異

第 4 章

如何創造一門學問

調色盤上有許多凹進去的坑，用來擠上不同顏色的顏料。較大的幾個坑是主色，其他則是用來點綴的色彩。如果你的調色盤裡的顏色不夠多，那你可能就無法畫出更繽紛的畫了。

每一個坑都是獨立的，否則不同顏色摻雜在一起就會變成一灘渾濁了。但畫家們都知道，只要摻對顏色，你就可以獲得一種新的色彩。

人的思維就像一塊調色盤。

你擁有多少種顏色，直接決定了畫是單調抑或是繽紛的。不同的思維是不同的單色，當你學習到愈多東西，你的調色盤就有愈多顏色。可是當你知道愈多時，你會發現調色盤的顏色開始變得混亂、渾濁，因為你忽略了一個重要的問題——沒有

人的思維調色盤是天生就設好分配規則的。如果你把所有色彩都放進同一個大坑，你所得到的色彩就會全部融合，變成了一片渾濁。

　　你必須開始有規則地將色彩劃分整齊，這樣才能避免思維的混沌。

　　這樣，你才能好好地創造出一幅畫。

理論與方法的迷思

　　火能助人，亦能傷人；確保自己能控制住火，讓火可以造就更多的好處，而不是更多的傷害，就是知識。水能載舟，亦能覆舟；確保自己能在水上暢行，讓水可以滋養我們，而不是溺斃我們，就是知識。

　　知識可以粗略分成兩大類：「方法」和「理論」。

　　方法通常具有操作性，擁有詳細步驟，可以用來明確達到特定效果並解決問題。例如，大部分的時候，一個人並不需要知道所有關於機器的運作理論，也無需懂得建造機器的理論。他只要知道操作機器的方法，就能有效運用機器完成工作。

　　方法的效果總是直接、立竿見影的，因此人們普遍擁有追求具體方法的欲望。

　　相較於方法，理論這東西就顯得不怎麼令人嚮往了。理論的含義包括了「見解」、「道理」、「心得」、「原理」等各類沒有明確操作步驟的概念。

　　當你學會了一項理論時，會覺得自己好像學到了東西，但又好像沒獲得什麼實用的東西。你發現學會一個理論後，你往

往無法立即使用它。這和學會方法的感受有很大的差別。

　　儘管如此，追求理論與知識兩者兼顧，知其然也知其所以然，還是比單純只追求方法好得多。

　　原因很簡單：因為理論可以是（但不一定是）方法的母親。若你要達到特定效果，那學習既有的方法就已足夠；但若你要自訂效果，或者說解決與以往不同的問題，那你就需要熟知理論基礎才行。

　　以做菜為例，你可以在沒嘗過任何食材的味道、對食材一無所知的情況下，按照食譜和烹飪教學影片做出一道菜。但如果你想要自行調配出某個自己想要的味道、佳餚，你就必須對食材和烹飪有起碼的基礎理論認識。

　　很多時候，優秀的人和一般人的差別就在於兩者對理論的理解和應用。前者喜歡親自從理論的角度出發，創造出專屬自己的一套方法；後者則比較注重學習既有的方法、別人提供的方法。

　　此外，只願學習方法而不注重理論的人，往往忽略了這個取捨背後隱藏的成本與侷限性，容易掉入以下的陷阱：

1. 方法的時限性

方法會死掉。

方法是很容易過時的，五年前的方法放在今天不一定合用。例如，10 年前傳統銷售員用的推銷方法，放到現在還有效嗎？可能有效，但肯定不及 10 年後的新推銷方法。

儘管如此，行銷背後的基礎理論依然在於掌握人心，而這個部分仍然存在於新的推銷方法中。

2. 方法的侷限性

每個方法都有其侷限性，你可以用某個銷售方法來賣藥品，卻無法完全照搬拿來賣雞排。你可以用某個方法操作 A 軟體，但 B 軟體的操作步驟可能截然不同。

方法像是機械，你需要在固定條件下照著做，才會出現你期望的結果。

但現實生活不可能完全按照規劃走，你在生活中往往需要面對自己意想不到的問題，這時如果你並不理解方法背後的理

論，就無法根據情況改造方法，創造出新的解決方案。

3. 方法的儲存問題

　　如果只學習方法，那麼如果想擁有解決一萬個問題的能力，就需要記得一萬種方法。

　　但那樣做既沒效率，又不切實際。無論你的記性有多好，在現實中你根本沒有時間和能力去記下這麼多方法。

　　更有效率的方式是：學習一萬種方法背後的共通理論，在在遇到不同情況時，嘗試從理論推導出新的方法。

　　在現實生活中，你無法單純依靠「方法的總量」提升能力，你必須學習整體的知識，從理論到方法，讓它們滲透進你的思維模式之中。

　　當方法和理論兩者兼備，你才能透過自行思考，創造出解決各種問題的方法。

不看圖，怎麼拼圖？

每個人都會遇到「知識增長的瓶頸」，導致我們的思維成長停滯。

例如，你從事了業務工作幾年，認為自己已經熟知所有相關領域的東西了，你雖然確切知道自己還不是這一行最頂尖的人，但你並不知道自己還可以怎麼進步。

思維進化的旅途裡，最大的障礙永遠是「你不知道自己不知道什麼」。

如何破解這瓶頸呢？

答案是：增加你領域裡的「見識」。

其實學習知識就好像拼拼圖，一塊拼圖代表一個知識，雖然每個知識表面上彷彿各自獨立，但組合起來後就能變成一個完整的圖案，一門完整的學問。

而學習的過程，就是把這些拼圖一塊塊拼上，讓自己慢慢看到整個拼圖的架構，就會慢慢出現完整的圖案。

我們在開始拼拼圖之前，起碼會先看過盒上整幅完整的拼圖圖案，大致獲知全貌之後，再將被拆散的碎片逐一按照參考

圖拼排上去，才能事半功倍。

　　但有另一種情況，是你沒看過拼圖的全貌，就得開始拼拼圖。這時你會拼得十分艱辛，因為你對下一個該拼上什麼東西毫無頭緒。你得東拼西湊好久，費上許許多多的勁，浪費大把時間，才能拼完整個拼圖。

　　學習知識或一門學問時，大多數人都處於後面這種情況。由於從來沒看過學問的全貌是如何，因此在遇上瓶頸時，很難有自覺地找到突破口，知道哪裡還有成長空間。

　　要打破這個困境，就必須增加對學問整體的認識，找到知識的參考圖，努力提升自己對該領域的「見識」。

　　見識就是知識的地圖，地圖上標誌著知識的具體位置。當你遇上某些困難時，能解決你問題的知識或許早已被發明；但如果你沒有足夠的見識，就不會知道原來有這樣的一個知識，正好可以解決你眼前的問題。

　　例如，如果我不告訴你世界上有克卜勒 -186f 星球的存在，那你可能永遠都不會去搜尋關於克卜勒 -186f 的資料。但當此刻我告訴你克卜勒 -186f 的存在之後，有關克卜勒 -186f 的知識都將垂手可得。

　　知道克卜勒 -186f 星球的存在，但還不知道有關克卜

勒 -186f 星球的知識，就叫做見識。

　　當你有這個見識、知道某個知識的存在後，就可以上網搜尋、找書、向相關人士請教知識如何操作，立刻學習並現學現賣地搞定眼前的問題；反之，如果你沒有足夠的見識，你也就不會知道這個知識的存在，不但無從入手，更別說用它來解決問題了。

　　愛因斯坦曾經說過：「我從來不去記那些可以從書上找到的東西。」而這句話隱藏了一個前提：我知道書上有這個東西（見識），因此我可以在需要時才把它（知識）調出來使用。

　　這意味著，愛因斯坦並不指望自己能記得所有知識，他的策略是記下知識的位置，並在需要時才把知識調出來使用。

　　這個策略的好處在於：當你面對大量的知識時，你不用強迫自己去記起來；因為就算你想記，也未必能記得全部。你只需要對知識產生印象，記得這個知識的存在就行。

　　比起愛因斯坦所處的的時代，這個方法應該更適合我們這個資訊發達的網路時代。

對內與對外的智慧

「網路思維」一詞從 2013 年左右開始興起，我對這個詞的定義是「透過網路為產品、服務、企業、個人等各方面進行轉型，透過更低的成本、更多的連結，達到最大的效益」。

大家都在嘗試與他人連結、共享資源，並透過合作創造價值；但或許很多人都沒意識到，這所謂的連結也需要籌碼。如果你什麼都不是、什麼都沒有，那你憑什麼讓人願意與你建立連結呢？

與他人合作並連結出更大的價值，其實有一個方程式存在：

$$自己的能力 \times 對外的連結 = 價值$$

如果你的能力只有一，那你就算和五百個人連結，那你就只是得到五百而已。

但如果你的能力是五十，那就算你只和五十個人連結，你的效益也能達到兩千五百。

當然，這不過是個簡單的陳述，現實狀況要複雜得多，但可以肯定的是：**你自己的能力，以及你與他人的協作，這兩者同等重要。**

那怎麼才能在這兩點間取得平衡呢？

答案是：獲得「智慧」。

而當我說到智慧時，請注意別混淆了「聰明」和「智慧」這兩個詞彙。智慧並非智商高的人才會擁有，成績好、學歷高的聰明人不一定就很有智慧，智慧和這些因素沒有太大的關係。

你有聽說過古人的智慧嗎？什麼是古人的智慧呢？

那不是研製紙的方法，也不是耕種的方法，那些都叫做「古人的技術」，而且早就被超越了。

古人流傳下來的智慧不會失效過時，因為那些字句都是用來描述人性、瞭解人性，而人性是過了幾百年、甚至幾千年也不會改變的。

我對「智慧」的定義是：對自己為人處世的道理和心得，以及與別人相處的態度和心得。

那些讓人引以為鑑的歷史、流芳百世的古典、化為成語諺語的故事，以及值得流傳千年的字字句句。它們即使到了如今

也不會過時，依然為當代所用，不就是因為當中包含了智慧和為人處世的道理嗎？

當然，並不是古老的智慧就一定正確。有些經典至今仍為人稱頌，例如老子莊子的思想；有些卻是已過時的文化產物，例如《三字經》、《弟子規》的愚孝愚忠，《烈女傳》對女性不平等的三從四德。

智慧能分為兩種，一種是對外，一種是對內。對外的智慧即是對「掌握人性的能力」和「影響他人的能力」，是你和你老闆、夥伴、朋友、家人、愛人和其他所有人的相處之道。

而對內的智慧，則是對自己的心智、心理素質、意志力、理性和本能的控制掌握能力。簡而言之，對內的智慧就是「瞭解自己的程度」和「駕馭自己的能力」。

科學與技術會被超越、會被淘汰，但人的本性卻不會。那麼，現代心理學算是智慧的一種嗎？

當然算是。智慧並不一定要由「古人」提出才算是智慧，一切關於「人」的知識和描述，都能發揮提升智慧的作用。

例如，如果你學過一點生物學，你就知道人其實並不完全由我們的自由意志掌控。人在受到驚嚇的時候會大叫或腿軟，並不是由人的自由意志控制，而是來自原始本能的快速反應。

我們在開心時免疫力會上升，傷心時免疫力會下降，這也不是由我們的自由意志決定，而是來自生理系統的本能。

學習有關人的知識，你就會變得更能理解他人，也會更能理解自己，正是這一份理解再加上你的人生經歷，得以產生出智慧。

發明天才的智慧缺陷

聰明的人未必就有智慧。

十九世紀八〇年代的「電流戰爭」中，最有名的兩位發明家就是很好的例子——被稱頌為發明大王的湯瑪斯·愛迪生（Thomas Edison），和被譽為創造出二十世紀的人，發明交流電的尼古拉·特斯拉（Nikola Tesla）。兩位都是非常傑出的聰明人：

當愛迪生已經是十九世紀八〇年代舉世聞名的大發明家時，另一個擁有極高發明天賦的人——特斯拉還只是默默無聞的窮小子。

　　年輕的特斯拉非常崇拜愛迪生，當他第一次抵達美國時，就立刻加入愛迪生的公司為他工作，並在短時間內展現出過人的才華。但與愛迪生一同工作的情況，與特斯拉所想像的大相逕庭，愛迪生非但沒有重用這一位發明天才，待他還甚是不公，其中有個知名的故事是這樣的：

　　愛迪生曾經答應特斯拉，如果特斯拉成功改進直流發電機設備，他就給他五萬美元；但事實上直流電是愛迪生引以為豪的發明，他並不認為自己的直流發電機還有進步的空間。

　　但特斯拉信以為真，在埋頭苦幹幾個月後，特斯拉竟然真的改善了愛迪生的直流電，並因此發明了交流電（我們至今依然大規模使用的電流設備），其性能與安全性都遠遠超過直流電。

　　完成工作後，特斯拉興高采烈地找愛迪生兌現，但愛迪生卻改口說：「當您完全成為一個美國人，您就會懂得欣賞美式笑話。」

　　但愛迪生真的只是在開玩笑嗎？抑或是不想承認特斯拉？沒人知道。

　　無論如何，特斯拉感覺自己被耍了，憤然辭職離開了愛迪生的公司，並找到另一位合夥人合作，繼續發展交流電。

不久，特斯拉因為交流電的優秀表現而漸漸獲得了名聲。眼看直流電的地位受到挑戰，愛迪生並沒有坐以待斃，他想出了各種手段去摧毀特斯拉，例如：他為了證明特斯拉的交流電存在危險，竟以交流電電死貓狗，還有一頭馬戲團大象，好讓大眾對於交流電產生危險的印象；接著，他籠絡媒體以此大作新聞，以達到抹黑特斯拉名譽的目的。

他還參與了處死犯人的電椅研發（用的是交流電），但事實上交流電的電力並不足以立刻奪走一個人的性命，只能導致重傷，因此當第一位受刑者受刑後，在首次電擊後仍有呼吸；第二次電擊後受刑者皮下血管破裂流血、身體著火，在場的人甚至嗅到他身體的燒焦味，他卻仍然未能死去；直至第三次電擊，受刑者才萬般痛苦地慘死，但那已是行刑後的第八分鐘。根據一位在場目擊的記者形容，這是「一個可怕嚇人的場面，遠比絞死還糟」。

愛迪生的手段獲得了巨大的成功，這讓他在許多地區的名聲和受歡迎程度遠比特斯拉高上許多。大部分的人都只認識愛迪生，而不曾聽聞過特斯拉——即使我們都用著特斯拉所發明的交流電。

但特斯拉不在乎這類政治遊戲，他甚至也不太在乎金錢。

金錢對他來說，只是為了買到發明用器材的必須品。他是學者們公認的天才發明家，除了交流電之外，他發明的許多項技術依然被沿用至今，例如：收音機、霓虹燈、遙控器等等。他的創造力和貢獻也漸漸受到愈來愈多的人承認。

然而，特斯拉的結局卻讓人感慨。他很努力地發明東西，但這些發明並沒有讓他過上如魚得水的生活（雖然有一段時間他過得還不錯）。相對於愛迪生，他一直活得窮困潦倒，也沒什麼朋友。他在老年時只能孤獨地與鴿子相伴，最後被發現在酒店房間獨自死去，還留有一筆債務。

不難發現，愛迪生是個很有「對外的智慧」的人，姑且不論他的手段是否惡毒，但他強悍的交際手腕和過人的行銷策略，的確有效地為他帶來很好的名利。他不只是一位出色的發明家，也是一位出色的業務員。他明白在商業之中，擁有一個好產品是關鍵，但懂得行銷宣傳才能把產品推廣得淋漓盡致。

儘管如此，愛迪生卻因為欠缺「對內的智慧」，無法控制自己的妒忌心和自尊心，因而放棄了與特斯拉合作，錯過了這一位良才。要是當時他能放下那些無謂的自尊心，與特斯拉合作發明的話，他們兩人的所帶來的成果將更加難以想像。

　　根據記載，愛迪生至到晚年時才領悟到自己錯失良才，他回憶時惋惜道，自己犯過的最大錯誤就是從未尊敬特斯拉。

　　相較之下，特斯拉則是愛迪生的反面。特斯拉擁有的是對內的智慧，他把自己控制得非常好。他非常有紀律，對心理方面的掌握非常優秀；一旦他設定一個目標，他可以完全不受他人對他的看法和干擾影響，全力專注於自己要完成的事情。他一生經歷過無數次失敗與重來，但他至死都沒有放棄過自己的道路，其心理素質之強大可見一斑。

　　但欠缺外交手段，是他最大的弱點。沒有對外的智慧，意味著他無法應對愛迪生的抹黑，也就無法保護自己的利益與名譽。他因此連連吃虧，雖被譽為百年難見的奇才，卻留下令人惋惜的結局。

　　無論是愛迪生還是特斯拉，他們都各有其卓越的成就，但也都各缺其中一種智慧。

　　那是否有人能兼備對內和對外的智慧呢？

　　當然有，如果你仔細留意的話，一定不難發現。

　　當一個人只有對內沒有對外的智慧，就好像一個不懂得行銷和演講的賈伯斯，辛辛苦苦創造出 iPhone，卻無法說服別人買下他的產品；而只有對外沒有對內的智慧，就好像一個容

易受傷的諸葛亮，有著過人的內政、計謀和戰略，卻因為吃過一次敗仗就心生不甘，不願意承認錯誤而一再犯錯。

　　兼備兩種智慧的，才是一個真正有智慧的人。

熟練思考

如果說「見識」和「知識」是知道，那「熟練度」就是做到，甚至是做得很好。

俗話說「熟能生巧」，不管是手工技藝、運動或其他行為，重複做愈多次就愈熟練，就能操作得愈好、愈自然，想必大家都能理解。

但有許多人忽略的一點是——**思考也有熟練度**。

從神經科學的角度來看，我們之所以會熟練某一種操作，是因為大腦神經元之間傳遞資訊的突觸受到重複刺激，而受到了強化。神經元是裝載我們各種記憶、功能、技巧的單位，大腦裡平均有八百億個神經元存在，我們的每一個活動都是由神經元的發電啟動。例如，有某個神經元是連接到你的小指，只要我們用儀器刺激這個神經元，你的小指就會自己動一下。

又例如你在煎荷包蛋，與這項行為相關的所有神經元就會活動起來，互相傳遞訊號發電。如果你經常煎荷包蛋，久而久之突觸就會受到強化；突觸強化代表資訊能傳遞得更快，因此煎荷包蛋的行為也就愈來愈熟練，讓你得以提升煎荷包蛋的熟

練度。

思考也一樣是透過神經元的傳遞來完成的。如果你不懂得計算，只要透過鍛鍊，就能讓你的計算能力愈來愈快、愈來愈好。如果你不懂得英文，那只要多讀、多看、多說，也一樣可以練到能暢所欲言。

關於這些，我們在中小學時期都應該已經有所體會。但問題是學校並不會教你如何真正地思考，而是強調要遵守各式各樣的規範、強調每個人都要做一樣的東西、強調要聽課聽話聽從長輩，強調答案永遠都會在書本上和老師的腦袋裡，你要做的就只是完成各種機械化的任務——例如記下某個科目某個章節的重點，或是某個考試會出現的題目。

這造成大部分接受正規教育的人們，都習慣了重複而機械化的行為與思考。我們習慣了遵守規範、人云亦云，習慣了「大家都一樣」、習慣了現成的答案；相對地，我們極度不習慣自我思考。

結果是，人們長大後依然認為那是正常的，當人們傾向於逃避思考，那該部分的神經元突觸會強化，也就會增加下次逃避思考的機率。於是，「伸手牌」的風氣盛行，無論是事業、感情還是生活上遇上問題時，大家第一時間的反應不是自我思

考，而是伸手向其他人討答案，或是向 Google 討答案。

　　從神經科學的角度看來，每逃避一次自我思考，不只代表你錯過了一次訓練思維的機會，也代表你增強了一次逃避思考的壞習慣。

　　如果你能讓自己進行更多自我思考，那這個指令的神經元突觸就能獲得強化；也就能提升下次面對問題時，你進行自我思考的機率。

　　那要怎樣才能讓自己更常進行自我思考呢？

擁抱思考

　　《為什麼我們這樣生活，那樣工作？》（The Power of Habit）❶ 的作者查爾斯・杜希格（Charles Duhigg）提出，要培養一個習慣，可以分成三個簡單的步驟：

---

1. 簡中版譯為《習慣的力量》。

1. 找到目標習慣帶來的「**獎賞**」。
2. 設立一個能引發行動的「**暗示**」。
3. 堅持「**重複**」從暗示到獎賞這個過程的行為。

　　當我瞭解了這個技巧後，才發現自己已經運用過以上的技巧培養出寫作的習慣（寫作是公認最好的思考方式之一），而且將三個步驟濃縮到了兩個：泡咖啡，然後寫作。

　　和大部分人一樣，每天早上我都必須泡一杯咖啡提神，這咖啡帶來的滿足，就是我迫切需要的獎賞；而我知道喝咖啡的那段時間，往往是我狀態最好的時間（暗示）；所以我會拿著咖啡到電腦桌上，開始一邊寫作，一邊喝咖啡（重複行為）。

　　這個方法之所以有效，是因為咖啡因本身就能夠激發大腦中的「獎賞迴路」，讓你感覺有精神又興奮。因此咖啡對大腦來說是一個極大的獎賞，有了足夠激發行為的獎賞，就會自然而然地每天展開寫作這個行為。

　　寫作是一種訓練深度思考的方式：你圍繞一個主題進行多個角度的思考、提出自己的假設，然後提出證據開始論證，一環一環地剖析主題背後的邏輯和架構。

　　但如果你不想寫作，或是不喜歡寫作，你還可以應用另一

個方式培養思考習慣——每天在筆記本中寫下任一主題，然後寫出關於這主題的 10 個點子，例如主題是煎蛋，那你就寫出 10 種煎蛋的方式。

這個方法由美國作家詹姆斯·阿圖徹（James Altucher）提出，目標在於訓練自己成為一個「點子生產器」。根據他所說，只要堅持運用這個思考訓練三個月，就能大大改變你的創意能力和問題解決能力。

值得一提的是，這和日本暢銷作家赤羽雄二《零秒思考力》一書中的方法非常相似，同樣是寫下任一主題，然後對主題進行思考，寫下 10 個關於主題的問題。兩者不同的地方在於，「點子生產器」的訓練方法比較著重於激盪出創意；「零秒思考」的方法，則是更著重於剖析問題和解決問題。

現在，你一共有三種訓練思考的方式：從深度思考的寫作，到廣度思考的「點子生產器」，再到細節思考的「零秒思考」。你可以依據自己的職業特性選擇合適的訓練方式。

只要讓思考成為你日常的一部分，你思維的進化頻率就將會有極大的增長。

突破瓶頸的能源

只要人類持續思考，就註定會遭遇瓶頸。

這瓶頸可能是一個問題或一連串問題，它纏住你不放，讓你即使用盡全力尋求對策，卻還是束手無策。

更具體來說，這裡的瓶頸指的是你的能力瓶頸，也就是你成長到了一定高度後，卻不知道自己接下來該往哪個方向努力。

而當一個人遇到瓶頸時，很可能產生以下四種反應的其中之一：

1. 向現實妥協。他見前方阻礙難以跨越，於是便不再努力，選擇妥協並甘於現狀。

2. 自暴自棄。他抱怨這瓶頸是個無法突破的阻礙，訴苦時總說著有多難、多辛苦，但沒有勇氣做出突破瓶頸的行動。

3. 自我膨脹。他認為前無去路，所以自以為已到達巔峰，自認已經無所不知，因而停止看見進步的可能性。

4. 自我檢視。他會將瓶頸視作一個好機會，興奮地接受挑戰。他會繼續苦苦思索，從自身到外在尋找突破瓶頸的途徑，直到思想升級，然後又遭遇瓶頸，並再次重複這個過程。

產生第一種反應的人，在遇到新的生活壓力或責任後可能會有想打破現狀的想法，除此之外只能靠自救。

產生第二種反應的人，會竭盡所能地告訴身邊的人這世界有多難。當你給他意見時，他會用「說起來容易，做起來難」來打發你，然後再繼續告訴你這世界有多難。

產生第三種反應的人，他可能心理年齡非常年輕，年輕得足以讓他相信，自己已經沒有什麼東西可學，也已經沒什麼東西可以震撼得了他。於是他強說愁，四處告訴別人他是心靈已衰老的青年，或者經歷多少滄桑、見過多少世面的老小孩；但他並非心理年齡比較成熟，而是還沒能理解成長的路永不停歇。

也有可能他的經歷真的比別人還多，但他太看得起自己的這些「人生經驗」，以致於他認為身邊沒有人能瞭解他，或達到他的高度。

產生第四種反應的人，會在遇到瓶頸時自我檢視，苦苦思

索答案並力求突破。你應該多和這種人在一起，因為這種人很實際，講究行動、思想成熟又不會自負。他會把瓶頸看成是一件好事並勇於挑戰，這很值得我們學習。

顯然，相對於「有瓶頸」，大多數人都會認為「沒有瓶頸」才是好事，其實不然——遭遇瓶頸才是莫大的好事。

原因很簡單：**縱觀世上所有的高手、大師們，無一不是因為突破了別人無法突破的瓶頸、能人所不能，才會被稱為高手或大師的。**

事實上，也只有曾經遭遇過瓶頸並將其突破的人，能以不同於他人的視角看待世界，並看見不一樣的可能性，獲得獨特的觀點；也只有突破了一個個難倒了他人的瓶頸，你才能真正地與他人拉開距離。

那麼，我們要怎樣做才能幫助自己突破瓶頸呢？

我們不妨從牛頓的頭開始說起。

蘋果與牛頓的頭

相信你應該也聽過啟發牛頓思考萬有引力的故事，雖然這故事的真實性尚有爭議，但並不妨礙我們從中學習。

某天牛頓坐在蘋果樹下，剛巧有一顆蘋果從樹上掉下砸中牛頓的頭，這讓牛頓的心中升起了一個問題：「為什麼蘋果會往下掉，而不是往上飄呢？」

這個問題引發了牛頓一連串的後續思考，進而發展出著名的萬有引力定律。

現在，我們不妨為這一故事換個設定來看看——如果同一個蘋果在同一個高度和同一個地點下墜，卻掉在路人甲的頭上，而不是牛頓的頭上，路人甲會因此而想出萬有引力嗎？

肯定不會。路人甲不會因此為世界帶來關於萬有引力的啟發，哪怕這路人甲智商比牛頓高，他要嘛不在意，要嘛就把蘋果撿來吃了。那問題來了，為什麼牛頓會因為被蘋果砸到頭而想到萬有引力，其他人卻不會呢？

　　德國化學家奧古斯特‧凱庫勒（August Kekulé）在研究有機化學的結構式問題時，研究了好幾年，但始終不得其解。至到有一天，他在夢境中夢見有一條蛇咬住自己的尾巴，醒來後他思考了這個夢的含義，竟因此而豁然開朗。這個夢啟發了他的研究方向，最終幫助他證實了一種叫「苯」的有機化合物的分子結構，而那個結構的形狀就像蛇咬住自己尾巴的形狀一樣，是個環狀。

　　那問題又來了，如果夢見這個夢境的人是你，你會不會因此而想到「苯的分子結構可能是環狀的」這個想法呢？

　　當然不會。

　　因為要產生這類想法時，我們需要有一定的前提條件。

外力、聯想與創意

　　能幫助一個人突破瓶頸的「力」，我稱之為「外力」。

　　外力可以是一種機遇、偶然，像牛頓與蘋果，凱庫勒和他的夢。

　　但外力所扮演的角色只是一種啟發，外力需碰撞上早已存

在腦海裡的知識資源，才能激盪出新的領悟與觀點。

　　換句話說，如果你擁有牛頓的物理學知識，或者擁有凱庫勒的化學知識的話，那當你遇到他們所遇到的蘋果或夢時，你也可能因而受到啟發。

　　但這在邏輯上還是有說不通的地方。例如，不同化學家的知識應該大同小異，至少不會相差太遠；而環狀物在現實之中比比皆是，戒指、車輪等環狀物為什麼沒啟發其他化學家發現苯的形狀？

　　因為聯想。凱庫勒的夢對他來說之所以具有啟發性，是因為當時的他正在苦苦思索苯的分子結構；如果當時他並沒有從事這項研究，並在夢醒後將蛇和分子結構聯想起來，那就算他做了同樣的夢，也不會有所啟發。

　　這就要說到點子上了——讓你突破瓶頸的外力，其實早已布滿在你的周圍。牛頓其實不需要蘋果砸到他的頭上才想出萬有引力的問題，他也可以因為樹葉掉落、帽子掉落而開始思考；凱庫勒也可以因為妻子要求買一只戒指，而啟發環狀的思考。

　　但前提是，他們要將這一些看似不相關的事物，與他們的研究聯想起來。

如果你還記得前面的章節的話，我說過創造力的本質，其實就在於進行自由聯想、刻意聯想。只要你開始聯想，所有東西都有可能成為你突破瓶頸的的外力。

這些外力可以是與平凡如鄰居家女孩的對話，啟發了作家寫出一段精彩的愛情故事；也可能是數顆龐大而遙遠的星星與草原的動物，激盪了古巴比倫人的想像而成了十二星座。

但許多人並不知道這一點。沒有多少人會對一切自己遇到的事物都進行聯想，那感覺是瘋子才會做的事情。就算是牛頓和凱庫勒，也都是因為發生的事情比較「特別」。你不會總是被蘋果砸到頭或夢到咬自己的蛇，這些事情的獨特性讓他們不經意地產生聯想。

另外，還有一種不那麼依賴運氣，但一樣能激發出聯想的外力——那就是閱讀。

1838 年 9 月，發現生物演化的自然選擇理論（也就是演化論）的查爾斯・達爾文（Charles Darwin），閱讀了馬爾薩斯牧師的《人口論》（An Essay on the Principle of Population）一書。這本書的核心觀點是人口增長，以及人類對於自然資源的競爭。馬爾薩斯認為人口會不斷增長，當到達食物供給的極限之後，人類必然會為了食物而產生競爭。

這讓達爾文意識到，這正好可以解釋他之前所觀察的各種物種之間的區別。不同的物種為了資源進行競爭博弈，任何隨機的演化都可以成為優勢，讓勝利者生存下來，失敗者則被淘汰掉。有優勢的物種擁有更大的可能性繁殖後代，把基因遺傳下去，沒有優勢的物種則在這過程中消亡。

達爾文同時發現，自然界中這個自然發生的過程，與農夫們選擇刻意栽培選育最好的物種特徵，想辦法把優良的物種培植下去，是出於相同道理。

於是，《人口論》裡的資源競爭，和農夫的刻意栽培優良基因的選擇，被達爾文重新整合定義為「物種之間為了資源的自然競爭，只有適者生存」。我們所看到的物種，都是在這個苛刻的過程之中選擇出來的。

達爾文沒有像牛頓和凱庫勒般，透過偶然的事件發展出新理論。他是在閱讀後的思考中，找到突破瓶頸的見解，才完成了自己的發現。

能帶給你突破的外力元素，其實早已充滿在你的周圍，準備隨時隨地、源源不絕地讓你進行一次又一次突破。

它們經常偽裝成一個超級不起眼的事物，你要學習如何看見它們、捉住它們，並讓它們為你的目的服務。

每個人心中都有一棟學問房子

創造一門學問就像是蓋一棟房子，地點就座落在你的思維之中。你得從零開始，畫藍圖、打地基、買材料，一切都得親力親為。

你需要先有一張清晰的藍圖，才能慢慢地建立起房子，這張藍圖的名字就叫做「見識」。它能幫助你瞭解房子的建築架構，要用哪些材料？需要幾根柱子？地基要打多深？

而這房子的每一寸、每一平方，都是由「知識」這個建築材料搭配而成。這些建築材料可以用買的、用換的，也可以自己生產，如同現實裡的知識一樣。

有了藍圖和材料後，你必須聘請建築工人們來工作，但其實這些建築工人就是你的身體。如果你不身體力行、不付出努力、不開始著手，那房子永遠都不可能建好。

工人們開始動工一段日子後，會愈來愈熟練，效率會慢慢增加，能夠愈做愈快。儘管如此，工人們畢竟也是人，他們會餓、會偷懶、會鬧情緒；心情好時動工很快，做到不爽時會罷工。他們時好時壞的情緒讓你懊惱，於是你開始嘗試加以控

制，聘請了監工來管理，儘可能提高他們的效率，並找到工作的樂趣，讓工作順利進行。這位監工，其實就是你對內的智慧。

那對外的智慧呢？

當然就是你的市場行銷團隊了。他們幫你設定推銷方針，拉客戶、搞社交、找人脈，以確保你的房子應有的價值，讓房子有人要、有人欣賞，有人肯為了你的房子出錢。行銷團隊確保你的這棟學問房子能被他人接受、理解。

房子大致上成形後，你得意洋洋地欣賞著自己的傑作；但轉頭一望，你才發現到隔壁街有好幾棟房子和你蓋的房子外型相差無幾，他們手中捧著與你一樣的藍圖，還得到了一樣的證書（大學文憑）。

當然，你和他們的房子還是有差別的。無論是施工的時間、材料的好壞，以及地基的穩固程度等等。除了外觀接近之外，裡面的品質可是相差不少。

但那又如何呢？買家大多數是外行人，他們是看不出其中差別的。他們只看到兩個外型接近的房子、幾乎一樣的證書，卻無法斷定品質上哪個比較好，哪個比較差。

這時你才意識到你需要的是差異化，你開始參考其他區域

（領域）的學問房子，這些學問房子無疑就是你的外力。無論外形、架構還是材料，這些房子都有著不同的品味與風格。

你從不同的房子中尋找出適用的例子：可能是一個，或很多個，將裡面的元素去蕪存菁，並將這些精華與你原有的房子互相融合、混搭。成形後，你發現你的房子和其他房子有著更明顯的差距了。你的房子比那些一成不變的房子來得更優秀、更顯眼、更實用，也更容易獲得眾人的青睞。

這棟房子裡裡外外都是你的心血，都是你努力的成果。你躺在房子裡舒服的床上，微風輕輕拂過你的臉，相當涼快。陽光透過窗戶灑落在你的臉上，你享受著一切努力的回報，心裡感覺非常舒服，無比滿足。

你想著，如果要讓思維持續進化，就必須持續創造，可能是創造各種不同解決問題的方法，可能是一門新生意，也可能是一幅畫。因為只有當你創造時，你才能將你的思維具象化，像是建造房子般將它化為現實。

而你知道，這不會是你的最後一棟房子。

第 5 章

極簡式創新

一個盜賊大師,要從計劃偷盜到成功偷盜就必須遵守這三個法則:

1. 認清哪個東西可以偷、哪個不可以偷;哪個東西有市場需求、哪個東西有價值。

2. 將偷盜的步驟簡化至最少。因為愈簡單,就代表需要愈少時間和資源,也代表自己暴露的風險愈少。

3. 惡魔將真相摻入謊言,因此惡魔的謊言總是有理有據。盜賊想提高收入不能總是靠黑錢,他必須也在白市做點正當生意,掛羊頭賣狗肉。

你或許不想瞭解盜賊,但在這個時代,我們每個人都是盜賊。

吃水果的賊

　　當你學習一個知識點的時候，學到的往往只是表象；但其實知識背後還隱藏著一個「思維點」，那才是你最應該學習的東西。

　　什麼是思維點呢？

　　如果學習知識是吃水果，知識就是水果的果肉，是現成的、馬上可以吃的，如同方法技巧，學到之後馬上就可以用。所以大家都喜歡學方法，那符合我們這時代對速度的要求，現學現賣。

　　但是，水果裡不只有果肉，還有果肉裡面的那顆種子。**種子可以產出許許多多的果肉，但果肉只要吃掉就沒了。**種子是思維，是生長出方法的源泉，唯有獲得種子、埋下種子，才能夠生長出更多的知識和方法。

　　思維點就是知識的種子。如果你想要獲得這個種子，那當你學習一個知識時，就不能只是知其然，而不知其所以然。你必須開始思考：「這知識是怎麼被推導出來的？想出這個答案的人，他是經過了怎麼樣的思考論證過程？」

說白了，思維點就是「思考的出發點」。

只要沿著這個思路思考，找到他人思考出想法的證據，假設出他人是從什麼角度、從哪裡開始推理思考，就能實現「思維盜取」。能將此思考做到極致者，你無需和當事人正面接觸，也能將其思維收入囊中，並用他的方式思考。

不過，知識方法背後隱藏著的思維，並不像水果的種子那般顯然可見——思維，是要透過思考琢磨，才會害羞地從隱藏之處顯形。

而在這世上，有三種賊。

偷知識的賊

　　第一種賊是偷知識的賊。他們非常努力學習，精神可嘉；但由於他們的學習方式不夠好，所以並沒有獲得真正的知識。

　　這種賊還有另一個名稱，叫做學霸。學霸在校成績好，但一踏出校門，成績好的優勢立刻大幅降低。這並不是因為他們的努力不夠，而是因為方式不對。

　　曾聽說過，有位學霸回校和學弟學妹們分享社會經歷時，是這樣說的：「學校裡面學到的知識，在工作上用得到的不超過百分之十。」

　　學霸的學習方式是最直接的，那就是靠記、靠背。雖然他們知道許多的知識，但卻無法將這些知識妥善運用。知識的真實用處是什麼？學霸不一定知道。知識最大的用處，對他們來說可能是用來獲得好成績，因為成績好，就代表以後大有前途。

　　有些學霸會留在大學任教，也有不錯的收入，他或許有辦法教得很好、很實用，或許沒辦法；但他一定可以教出更多的學霸。有些學霸則可以在社會上找到相應的行業職位，例如：

醫生、律師，這些學霸更是過得相當不錯，通常比一般人好上許多。

當個學霸的確沒什麼不好，不好的要是當學霸愈來愈難了。

從前的人只要念到大學，就幾乎等於能找到工作；但如今大學生遍地皆是，競爭愈演愈烈。那些成功憑藉成績找到好工作的學霸當然沒問題，但在競爭中被淘汰的學霸呢？

在競爭中被淘汰的學霸不叫做學霸，而是叫做普通大學生。他們也和成功的學霸一樣付出了許多努力，也一樣獲得了許多知識，結果卻是失敗作收。

日子還是要過，他們會為自己找到一份工作；而無論這份工作是不是他們想要的，他們都將會發現自己以前所學的一切，根本不足以應對這個社會的需求。能從學校畢業，並不代表他們馬上就可以把知識運用自如。

但只要他們可以成為第二種賊——偷意義的賊——他們就有可能善用知識，超越以前在大學勝過他們的學霸。

與第一種賊不同，偷意義的賊更瞭解知識的知識、想得更深，並且擁有更高的思考能力。

為什麼？

因為偷意義的賊掌握了三種不同的思考方式。

第一種思考方式，我稱之為「孔子的思考態度」。

孔子的思考態度

想像一下，當你學習一個知識時，表面上你是在獲取知識，你的思想會因此而變得更豐盛……理應是這樣對嗎？

但事實上，知識有一個隱藏的副作用：知識會一點一點地鎖住你的思想。

舉個例子，如果有人教你煎蛋就一定要放食用油，那你很可能就不會想到你還可以選擇放豬油渣或奶油，甚至完全不放油。因為你已經形成了對煎蛋的「刻板印象」，你只會想到要放食用油。

心理學的研究指出，大多數人思考時都會掉入這個「刻板印象」的陷阱——如果你今天學會了 A，就會留下 A 就必須是 A、B 就必須是 B 的刻板印象。

我再舉個例子，今天你看書學會了一個稱為「社會認同」的心理現象。你知道一個人在不確定自己要什麼的情況下，會跟隨大多數人的腳步，大多數人做什麼，他們就跟著做什麼。書裡面叫你提防這種思維陷阱，因為大多數人做的事情不代表一定是對的。

　　好了，現在你知道做決策時，要提防自己掉入這個陷阱；但除此之外，你還有獲得什麼嗎？

　　你可能沒有想到，這一個理論可以被轉換為銷售技巧，甚至用來追求另一半。例如，你可以在產品廣告上寫下有多少人用過你的產品、見證過你產品的性能，讓顧客更放心購買你的產品，因為他們會覺得很多人都在用的東西一定沒問題。你也可以在追求另一半時，從對方身邊的人著手，如果你能讓他們都為你說好話，就能大幅提高你的成功機率。因為對方會相信一個能獲得大家稱讚的人，一定很不錯。

　　如果你無法想出某項知識的其他不同用處，那你很可能就是對這知識形成刻板印象了。書上雖然只說「社會認同 ＝ 思維陷阱」，但事實上「社會認同」還可以變成「行銷技巧」、「追求技巧」和「溝通技巧」。

　　如果你無法變通知識，知識就會在無形之中限制住你的思想，告訴著你 A 就是 A、B 就是 B，而非其他可能性。知識雖然增加了你的思考角度，但刻板印象卻會把你限制在單一的角度。

　　如何破解？

　　孔子有一句話說「學而不思則罔」，意思是學了東西還

要思考才行。**學習了之後，再進行思考，就能破除「刻板印象」。**

怎麼思考？同樣是來自孔先生提出的答案：舉一反三。

給個例子：如果你今天在書本上學習到一項溝通技巧，那你就該立刻思考要如何將這項溝通技巧運用到你的工作上，你可以想出幾件有關聯的事，譬如如何用在於朋友相處的情況？如何用於職場？如何用於顧客？如何運用在各種不同的情況？

當你可以透過自行思考，做到把一個技巧運用到三個或以上不同的情況時，你就等於已經獲得了這項技巧背後的思維。

當你讓死板的知識技巧變得可以變動自如時，你會對它產生另一種新的定義。這時，這個知識技巧已不僅僅是知識技巧，而是成為你的心得，甚至是成為了一個思維點。

但這樣或許還不夠。如果你能將這項溝通技巧轉換到另一個領域，從這個思維點出發，將知識延伸到另一個領域，那就更棒了。例如：你可以思考，人工智慧該如何運用這個技巧與人溝通？

學霸與偷意義的賊的差別在於：前者只是盲學，後者卻掌握了真正的「變」，打破了知識的表象，抓住了事物的本質。

善用「孔子的思考態度」，能將你得到的知識儘可能延伸

到更多的場景。這種思考方式不但能讓你的知識變得更有實用價值，對於提升聯想力也有莫大的幫助。

但或許你還是會感到奇怪，為什麼第二種賊叫做偷意義的賊？

因為人類世界是由意義所驅動的。每個人都會渴望過得有意義，你做每件事時都會在乎它的意義，你會思考人生的意義、購買的意義、努力的意義。

廣告灌輸給你一個購買的意義，於是你有了購買它的欲望；妻小給了你一個努力的意義，於是你開始奮發圖強。

為什麼要偷意義？因為意義就是力量。

而偷意義的賊的第一個思考方式，如上所述。如同把知識原有的單一意義，變成多種意義——也就是能用在多種情景的力量。

我們接著說第二個偷意義的賊的思考方式：「重新定義」。

少有人進入的深層意義

一切事物本無意義，意義僅僅是人類這一物種的產物。

前人給予了事物的定義，後人再透過理解前人來獲取事物的定義。後人跟隨前人的定義是為了溝通，而後人推翻前人的定義是為了改革創新。

事物本就沒有客觀定義，如果不同的人嘗試去理解同樣一個事物，會得到不同的主觀定義，甚至有不同的層次之分。例如，同樣一部電影，不同人看就會有不同的領悟。

更具體地說，無論是電影還是書本，抑或是你和朋友的一次交流，一切我們聽得進、看得見的東西，其實都有一層「表面定義」，以及另一層（或很多層）隱藏著的、少有人看見的「深層意義」。

這表面的定義會掩蓋住深層意義，讓人們看不見隱藏在事物背後的深層意義。你必須讓自己開始思考——哪怕是對一部電影、一本書、一句話的思考，才能發掘出其深層意義。

怎麼思考？

首先，深層意義其實並不客觀存在。我不是在耍你，且先

聽我說說，偷意義的賊的第二種思考方式：

當你真的深入某件事物去尋找意義時，你會發現，裡面反映出的是你自己的倒影。你以為井裡有人於是往下看，但你只看到你自己的倒影。

意義不會客觀存在，深層意義必然是由你的所思所想投射出來的。換言之，這層意義註定是由你自己創造。

蘋果創辦人賈伯斯就是「偷意義」的能手。我認為他最厲害的一項能力，就是能夠看見事物的深層意義。他清楚什麼東西是具備潛能的，並能將這些東西轉化成一個價值連城的產業；他看得見一般人所看不見的東西，他看得見事物可以為我所用的可能。

他的這項能力為他帶來了兩次人生中最重要的突破，和無數的小突破。

第一次是在一九四六年第一臺電腦剛出世時。各領域的權威人物和教授們都認為電腦只是科學研究用的機器，因為當時根本沒有人需要用到這樣的東西。

但賈伯斯不這麼認為。當他與搭檔學會了如何製造電腦後，創造了名聞遐邇的蘋果電腦，並打著「個人電腦」的招牌，成為第一批開啟新世界運行模式的領頭羊，「重新定義」

了人們對電腦的看法。而賈伯斯就是靠這一步,從默默無聞的小子,變成了當紅炸子雞。

「電腦是科學家才用的東西」是當時電腦的主流定義、表面定義,但賈伯斯發現了表面定義背後的其他東西,並重新定義其為「個人電腦」。

「個人電腦」就是他所發現的深層意義,是他賦予電腦的新意義。

許多年後,他又以這項本領做出了第二項重大的突破:iPhone 的誕生。

在 iPhone 誕生之前,手機的定義是「有按鍵,主要功能為日常通話和訊息發送的行動裝置」。在 iPhone 誕生之後,手機的定義慢慢成了「全觸控,能用來日常通訊、上網、辦公、遊戲、自拍的智慧行動裝置」。

賈伯斯再一次打破了表面定義,並重新定義了一項科技。

當然,科技的演化,無論是個人電腦還是智慧型手機,這遠非賈伯斯一人的功勞。但他是如此擅於重新定義一項科技,以致於有人聲稱感受到他擁有一種「現實扭曲力場」(Reality Distortion Field),能扭曲事物的原有定義。

賈伯斯的不同之處在哪裡?

　　一般人如果學習了生產電腦的技術，他們很可能都會依照前人和權威的說法，製造用於科學研究的電腦，而非試圖開創一種新模式。賈伯斯的不同之處，在於他無視了「科學研究用途」這項定義，將其轉變為「個人電腦」的新模式。

　　同樣地，賈伯斯能從別人要放在電視上的觸控技術，看見觸控手機的可能性，是因為當他看見一樣新科技時，並不會認定這項科技就必須是這樣運作。他會去掉科技的表面定義，自己再重新定義這一項東西，並將其變成自己的創意。

　　這就是為什麼我說，**深層意義並不存在，它只是你自己的倒影**，賈伯斯看見的倒影是他自己，他以他的方式「重新定義」了電腦和手機（事實上，「重新定義」本來就是蘋果推出新產品時常用的詞彙。）

　　看破事物的表面意義、剝開它，然後問自己：「除此之外，它還能成為什麼？」取出你看見的深層意義，以此重新定義舊有的意義。

　　所以，現在你知道為什麼要叫做「偷意義的賊」嗎？

　　因為當你像賈伯斯般，用自己的深層意義覆蓋上事物原本的表面意義時；當你用新的模式取代了舊有的模式、當你重新定義了舊有的意義時——不就是變相地把它占為己有了嗎？

　　第一臺電腦不是賈伯斯製造，第一支智慧型手機也不是賈伯斯製造，就連他的極簡風格也是來自禪宗的領悟，他只是重新定義了這些事物。最後在大家眼中，他就成為了這些事物的主人。

　　賈伯斯絕對是這時代裡最出色的偷意義的賊。

　　但儘管如此，也不是什麼事物都可以被「偷」的。

一言歸納，知識抽象化

偷意義的賊知道如何將事情變得簡單，而且是極其簡單。

知識可以分為「軟知識」和「硬知識」兩種。「軟知識」諸如做生意、經濟學、心理學、藝術、管理學這些沒有百分之百確定答案的學問。之所以說這類知識是軟的、抽象的，是因為這些學問總是在要求你變通，它們的核心是「變得好，就是用得好」，並且總是沒有一個完全固定的答案。例如商人的目標當然是賺錢，應該容不得虧損才對；但前期如果懂得將資金用來行銷、促銷，那即使前期虧損，錢也可以再賺回來，甚至賺得更多。

軟知識比硬知識更容易達到創新，因為軟知識的知識點和技巧很容易運用在不同的領域。軟知識本身就有些模棱兩可的性質，像水一般總是在變形。軟知識也更容易跨領域「融合」，達到創新。

而「硬知識」則是物理學、數學、化學這類需要透過計算，擁有相對固定答案的學問。

硬知識的創新在於發現。例如，物理學可以因為研發了新

器材而得以發現無線電波，但你無法改變電波的物理定律。你只是觀察、記錄和演算，你創新不了物理定律，這也就是為什麼物理學被稱為硬知識。

愈軟的知識就愈容易跨界混搭，也愈容易為不同領域的人所用；愈硬的知識就愈難「變通」，也愈難被直接使用在日常生活上。

但難度高並不代表做不到。

關於這個問題，特斯拉公司和 SpaceX 的創辦人伊隆・馬斯克（Elon Musk）可以給我們一些啟發。在他的一場 TED 訪談裡，他提到了自己非常喜歡的物理學思維，在此大略總結一下他的內容：

「人的思維方式有很多種，但是物理學的思維是非常直接有效的。當你用物理學的眼睛看世界時，你知道，你可以將所有東西溶解成最小粒的分子，然後用這個分子重塑成任何的東西。對任何事情的思考也一樣，你將事情分成一件件最小份的東西，再重新組裝起來，你就看得到解決方案。」

從以上這一小段話可見，要將物理學這種「硬梆梆」的知

識歸納成一套人人適用的思維方式，還是可行的。

　　而要從物理學這樣的硬知識變化出如此柔軟、人人適用的物理學思維，我們可以嘗試做的是「一言歸納」，將知識抽象化成哲學層次。這也是偷意義的賊的第三個思考方式。

　　硬知識通常都十分具體，並擁有龐大的資訊量；但如果你能將其歸納，嘗試用一句話來解釋時，你其實就是在進行化繁為簡的認知加工。這樣的認知加工會迫使你忽略不必要的細節，取出硬知識的精髓，將其轉換為一個可以放在更多不同情況下的軟知識。

　　舉個例子：假設你是個設計師，但你喜歡閱讀神經科學相關書籍。你知道腦袋裡除了神經元之外，還有一種叫神經膠質的腦細胞。這些神經膠質的主要功用就是對神經元進行修復、加強和清理，可說是處理大腦維護與升級工作的關鍵細胞。科學家認為，神經膠質對人類的智力有極大的作用。

　　對於一位設計師來說，學習這項知識可能只是圖個爽字。你的老闆不會因為你知道這項知識而為你加薪，因為你無法將這知識運用在你的設計上。這樣看起來，這項知識是與你的生活脫節的，對你來說是無用的知識。

　　但如果你對這知識進行「一言歸納」，將概念細節全部簡

化，結果可能是這樣的：

「以前的科學家認為，大腦裡只有神經元在運作；但其實還有一種叫作神經膠質的腦細胞，日復一日地維護、清理與升級大腦，讓大腦保持在良好的狀態，它甚至能影響智力表現。」

（注：雖說是一言歸納，但其實是以一言做為目標，儘量地簡化。）

接著，你再用以上這一段話來看待設計這一領域：

「表面看來，設計不外乎塗上顏色、畫上線條，似乎每個人都可以完成基本的設計。簡單如蘋果公司的 Logo，看起來像是誰都畫得出來。但專業設計師知道，表面看起來簡單的設計，背後是設計師長時間的構思、修改，甚至多次推翻重來。而這些構思與修改的動作，又來自設計師日復一日對自身技術的精進。」

現在，你能看出腦神經知識和設計哲學的共通之處了嗎？

　　（順帶一提：達文西之所以會是藝術大師，就是因為他花四年時間堅持修改作品的結果。有學者用現代 X 光證實了《蒙娜麗莎的微笑》這一畫作的油層達到了二十層以上，幾乎覆蓋了所有看得見的筆觸。換言之，所有的繪畫痕跡都被抹平，所以看起來才特別真實。）

　　只要你能將知識歸納成更高層次的哲學，你就能將知識背後的模式過渡到你自身的領域，**讓原本與你無關的知識和自己產生關聯。**

　　另外，你也可以嘗試對你所處的領域進行「一言歸納」，或歸納成幾句話。如果你是從事行銷，就問問自己「行銷是什麼？」；如果你是從事設計行業，就問問自己「設計是什麼？」以此類推。

　　別看這些問題好像很簡單，要給出有清晰簡短又有深度的答案是很困難的。即使是擁有多年行業經驗的人，都未必能回答得好，所以如果你一時想不出來，也不必沮喪。

　　回答這種問題之所以困難，是因為這類問題問得非常廣泛，牽涉的資訊量極大，因此註定會讓人感到困難。設計是什麼？設計可以分成很多種，也可以分成很多風格派別、很多不同的範疇和很多不同的應用場景，怎麼可能用幾句話說完？

　　但你必須意識到：這些資訊其實都是表面層次的資訊。它們就像一座孤島，表面上是獨立的；但如果你潛得夠深，你就知道這世上沒有所謂的孤島，所有表面看起來獨立的孤島，在地底下都是相連的，屬於同一塊大地。

　　而你要找到的，就是設計領域地底裡的大地。這樣當你描述它時，你就是同時描述著整個設計領域、設計的核心、設計的哲學。**如果你能持續這樣思考，你將想到一個讓自己茅塞頓開的答案；而那同時也意味著，你的思想達到了一個新的高度。**

　　當然，那些說「我的行業就是設計、設計和設計」，或直接引用字典裡詞義的，都不算是好的答案。

　　另外，你可能會好奇，如果自己是個設計師，幹嘛不好好學習關於設計的知識就好，為什麼要那麼辛苦地去把別的領域裡的知識過渡到自己的領域呢？

　　原因很簡單。如果在設計這個領域裡，總體的資訊量可以用一個 10 來代表，那學完這個領域的資訊可以獲得的最高分就是 10。這 10 分通常只能證明你是個經驗老道的專家。但當你成功把其他領域裡的知識過渡到自己的領域時，你就可以突破 10 分，最終得到的可能是 11 分到 15 分。這意味著你不再

只是專家，還是領域裡開創先河的大師，從此設計領域的最高分不是 10 分，而是 15 分。

好了，現在軟和硬的知識都能為我們所用了，偷意義的賊可以說是什麼知識都能偷了。

但這還不是結束，持續成長的偷意義的賊，會慢慢變成第三種賊：「創新者」。

融合混搭，外力創新

或許你早已發現，在賈伯斯的創新裡，除了有重新定義之外，他還做了另一個事情——那就是我在第四章裡提到的「外力融合」的創新。

正是因為他把不同的技術、知識、哲學和經驗，都傾注在同一塊，才將 iPhone 的獨特性創造得如此淋漓盡致。iPhone 甚至是太過獨特，因此還被當時的手機界視為「另類」，遭到某巨頭公司和媒體的嘲笑。

賈伯斯的創新被視為顛覆性的創新，但鮮少人意識到他的創新也是一種組合式的創新——是一種 N＋N＋N 的過程，是技術與技術之間堆疊而成，同時也是知識與知識之間融合而成。

粗暴一點來說，創新是知識與知識、技術與技術、知識與技術互相交配，誕生出來的結晶。西方對此更有專屬名詞，叫「Idea Sex」（點子性愛）。

那麼，如果創新是個 N＋N＋N，由多個元素融合而成的結果，那知道愈多不同知識的人，是否愈有可能創新？

　　這個假設只對了一半。懂得多的人的確比較容易創新，因為他們擁有足夠儲備知識能進行創造，就像一個廚師擁有愈多的食材，那他能煮的菜色就愈多；像一個擁有許多不同樂高積木的人，他也能組出更多造型。

　　但一個廚師會煮許多菜色，和是否能創造出許多新菜色是兩回事。許多廚師只會做固定的菜色，而不會創新，無論他擁有多少食材。

　　為什麼？因為人們不懂運用「重新定義」和「一言歸納」，人們充滿了「刻板印象」，大家都覺得叉燒包裡面必須是叉燒加叉燒醬，而不能是叉燒加起司醬，刻板是人們的初始思維。

　　那人們該怎麼獲得創新思維？

　　只要多運用「重新定義」和「一言歸納」就可以。因為這兩種思考方式，實質上都在做同一件事，**就是將意義抽象化，使事物定義的邊界變得模糊。**

　　那代表什麼呢？當叉燒包和起司醬的定義被模糊，它們之間就有相融的可能。當你適應了模糊定義的思維方式，你的思維自然會將兩個不相干的事物看成同一塊。

　　融合創新，就此發生。

　　打個比喻，各種意義原是刻板固體的形態，像是冰塊一般；但如果你將它們融化，它們就會融合成一灘水，變成一個新的形態。

　　當你將事物的意義抽象化、模糊化，融合就會自然而然地在思考中發生。

創新者

　　如果你經常進行這類思考，讓它變成一種思考的習慣、看事情的習慣，你將會慢慢體驗到一種「天下萬物為我所用」境界——所有事物都可以轉化成幫助你的資源，所有知識都可以轉化成為你創新的養分。

　　到了這一天，那就代表有一件事情發生了：你已經從偷意義的賊，慢慢轉變成了「創新者」。

　　當你的思維能夠看破所有固定的定義，世上也就沒有了固定的定義，所有事物都變得像黏土般任你塑造。

　　舉例而言，如果你想創造加溫戀情的服務，那當你看見一個外送服務，你知道它可以不只是外送服務，於是你把「加溫戀情」的概念和「外送」的概念結合，將食物特製成你愛人喜愛的卡通造型，成了「愛意便當服務」；當你看見一支手錶，你知道它可以不只是手錶，它可以是一支「溫度手錶」，無論兩人在哪，手錶都可以模擬出情侶彼此現在的溫度。

　　你將看見兩個原本完全不相關的事情，其實擁有著融合的可能性。

當「創新者」完全進入「天下萬物為我所用」的境界時，所有東西都變成了「外力」，每一件事物都有可能啟發你想出新的點子，每一件事情都有可能讓你產生有創造力的聯想。

這時的你知道，所有事物本無意義，意義是人定出來的，因此你選擇用自己的方式去為事物定義，而不只是盲從他人的定義。

你知道所有的知識都可被軟化，哪怕是把硬梆梆的石頭放進一杯水裡，也會改變水的滋味，帶出新的領悟。

你也會明白一切知識源頭都來自於「發現」和「融合」，可以發現的知識量是恆定的，如物理學和化學；但融合則可以源源不斷，如各領域的哲學。但兩者都是寶貴的「外力」資源，可以幫助你的創新擁有豐富的內涵，並成為更獨特的存在。

當別人總是說創意艱難時，你會知道創新是有其難度，但絕非不可能。

你知道創意其實一直都在，**不是創意偶然顯現，而是人偶然發現創意**，如果你想要，你絕對能夠不停地發現創意。

創意是一種看見，看見可以被創造的可能性。

偉大的藝術家偷

畢卡索曾說過：「好的藝術家抄襲，偉大的藝術家偷。」（Good artists copy, great artists steal.）

但要仔細的分析的話，這世上其實有三種偷。

最低級的偷也就是我們一般理解的偷，是抄襲、盜取他人財物的意思，而且這一類行為是犯法的。

好一點的偷，就是我們經常看見的「模仿」。科技公司之間就經常互相「模仿」，雖然大家都堅稱是自己的技術，但心底都清楚其實就是搭便車，互相仿製對方的技術。

最高明的偷，不太適合叫做偷，它有一個更正向平凡的名字，就叫做「學習」。學習不是粗暴的抄襲，也不是間接的模仿，而是把從別處得來的知識和自己的知識對接，然後重新整合出一個新的知識。

例如，Space X 創辦人馬斯克，就是在學習了製造火箭的技術後，發現傳統的火箭製造技術早已過時。於是他用自己學到的幾個外力知識（例如：打造一輛電動車），從零開始設計出一個可循環利用的火箭。

　　「馬斯克學習了幾個領域的知識，然後從零設計出一個新的火箭」——這個事實是如此簡單，但做起來卻極其困難。最高明的偷，是困難的。

　　在這一章中，我之所以用「盜賊」這個負面詞彙隱喻創新的過程，是因為創新並不是從無到有，無中生有的過程。

　　事實是，所有創新的基礎、技術支持，都是建立在人類整體發展的成果上。一支 iPhone 裡面蘊含的知識和技術含量大大超越了賈伯斯個人所能及的範疇，賈伯斯無法在不閱讀和不學習他人的情況下製造出 iPhone。

　　「盜賊」這個名詞雖然不好聽，甚至不太恰當，但我堅持使用這個隱喻，是因為它貼切地體現了創新的真實面目，而且可以時時刻刻提醒人們——**沒有創新是憑空而來的**。創新會出現，必然是創新者從別處得到了許多東西（或者說學到許多東西），再加上自己的一些東西，這才成了創新。

　　創新也不一定只是外部的一次更新，在思維進化的路上，每一次創新都是一次思維的「突變」，這個突變會帶來全新的認知視野和境界，讓你能以不一樣的眼睛發現世界。

　　世界上最好的學習方式，就是讓自己親手去創造。

極簡式創新

現在，讓我們來整理一下思緒。

何謂極簡式創新？一共就三個步驟：

1. 重新定義

世間萬物本無意義，意義是人為創造的產物；因此，所有事物的意義都可以透過人為方式改造。一塊木板不一定只是木板，它也可以是塊滑板。當你用你自己的方式重新定義了一件事物後，它將會出現新的面貌。

2. 一言歸納

當複雜的知識可以被歸納成簡單的幾句話時，這意味著複雜的知識被抽象化了，知識也就變成了**一種思維模式。**

　　舉個例子，一位銷售員讀了本物理學科普書，知道了「物質被溶解成最小單位後，就能被重新塑造成任何形狀」這個物理知識，但這並不會為他帶來任何業績的提升。不過如果他能把「將物體分解成最小單位」這個知識抽象化成「將所有複雜的銷售模式分解成最小的單位」，他就能夠想到將原有的銷售模式拆散，重新組合出新的模式，並以此達到改進。

　　當複雜的經驗和知識被抽象化後，新的領悟、想法、知識將會隨時隨地發生。

3. 融合創新

　　融合創新是一種組合式的創新，是將元素 A 與元素 B 結合的創新，這很好理解。將兩個不一樣的東西相加融合，就會變成一個新的東西。但要注意的是：一般人根本看不見不同事物相加融合的可能性，也不具備將兩個事物融合起來所需的思維條件。

　　如果想透過訓練來獲得將事物連結起來，相加融合的思維能力，靠的就是前兩步驟的實踐，當你能**將知識和意義抽象**

化，融合就會自然而然發生，創新將如噴泉般湧出。

　　前兩個步驟使你「看見」創新的可能性，而第三個步驟，就是「看見」本身。當你能夠妥善執行前兩個步驟，自然就會發生第三步。

從學武功瞭解極簡式創新

　　小楊想學武功，他找到了葉問拜師，葉問給了他武功秘笈讓他學習。秘笈裡頭都是詠春的招式，畫出了具體的姿勢，還加上旁注，解釋怎麼操作運用、在什麼情況用、要練習多久等等。

　　小楊乖乖按照秘笈裡的描述練習，過了一段時間後，大師兄找小楊切磋武功，看看小楊練得如何。結果顯而易見，大師兄在幾秒鐘之內拿下小楊，而且無論小楊嘗試多少次，結果都是一樣。

　　於是大師兄告訴小楊：「秘笈裡的招式，是死的；而武功，必須是活的。」

　　秘笈裡的招式，都只是表面的招式和方法而已，小楊需要思考的是，這些招式是否真的只能依書面上的描述使用？還是可以讓其轉變？例如，小楊的走位比一般人靈活，那是否能把其中一些招式搭配小楊的走位方式，好讓詠春拳更適合自己發揮？

　　時間推移，苦練了一段時間的小楊已經能把詠春打得熟練

自如。他打破詠春祕笈的刻板描述，將自己的特色融入招式變換之中，走位走得出奇，和同輩比武時，他能以步法配合出招時機，以奇招獲勝。這時的他，甚至可以和大師兄過手幾十回合。

一天，葉問找來小楊。他告訴小楊：「我已經沒什麼可以教你了，但在你下山之前，我得問你一個問題：詠春是什麼？」

小楊想了半天都答不出來，他告訴了葉問很多答案，但沒有一個是葉問滿意的。葉問也不為難小楊，轉過身寫下了一個地址，讓小楊到洛杉磯找他的二師兄，並吩咐小楊要多向二師兄學習。

小楊心裡有些不服氣，我都可以和大師兄幾乎打成平手了，還有什麼可以向二師兄學習的？

帶著一些怨氣和一絲好奇，小楊還是來到了洛杉磯。他好奇，師父問題的答案究竟是什麼？他找到了二師兄，說了幾句客套話之後，兩人聊了起來，小楊得知二師兄的名字叫李小龍。

小楊問了葉問的那個問題：「詠春是什麼？」

李小龍笑了笑，回答小楊：「這問題的答案對每個人而言

都不一樣，你需要找到你自己的答案。」

　　「不過，我還是可以告訴你我的答案是什麼。有一次我和葉問吵架，生氣之下我自己到湖上撐船，看著水中的自己，我的怒氣湧了上來，我一拳一拳地揮打水面，但水並沒有因此而受傷，過了一會又回到原本的形狀。我忽然意識到，武功的奧妙就是在這裡。功夫就像水，當你將水倒入杯子，水就變成杯子；當你倒水入茶壺，水就變成茶壺。水雖然沒有固定的形態，但水的柔弱卻是無堅不摧。水能載舟，亦能覆舟。明白了這一點之後，我才算是明白了武功。」

　　小楊聽著聽著，覺得好像恍然大悟，但還不完全清楚。直到一段時間後，小楊才終於明白了李小龍所說的東西，小楊的理解是，當一大堆武功招式，可以被一種形式完整包含時，固態的形狀就變得柔軟了，人也就可以靈活起來了。

　　小楊愈想愈覺得李小龍有趣，便硬要找李小龍切磋切磋，但沒想到，李小龍只用三回合就把小楊拿下了。

　　小楊非常不服氣，一直戰了再輸，輸了再戰。他發現，李小龍的武功好像詠春，但又和詠春不同。他問李小龍：「你用的是什麼武功？」

　　李小龍說：「是我自創的『截拳道』。」

「小師弟，我沒告訴你，我不止學過詠春，也學過洪拳、太極拳、空手道、西方拳術還有許許多多其他武功，我將這一切所學所得，包括大學裡學到的哲學，統統融合起來，才創造出了這截拳道。」

小楊終於明白到，李小龍原有的知識已經變了模樣，詠春不會再是以前的詠春，他的思維也不會再是以前的思維。

同時他也意識到，自己最多只算是個習武者，而李小龍卻是個「創新者」。

如果平凡意味著和大多數人相同，那卓越就意味著懂得創新。

如果未來的職業真的會被人工智慧所取代，那創新思維將會是每個人的倒數第二道防守牆。

那最後一道牆是什麼呢？

第3部

Part 2

進化

第 6 章

運用想像力的正確姿勢

《孫子兵法》的作者孫武，在寫下這部受推崇至今的兵法盛典時，竟未曾打過一次仗，連一次領兵的經驗都沒有。

他是怎麼辦到的？

愛因斯坦並不是什麼名師的高徒，大部分時候他都是自己研究學習物理學。當他首次發表改變人類世界運作的狹義相對論的完整論述，以及最著名的 $E=mc^2$ 質能互換方程式時，當時沒有任何大學願意雇用他，他不過是個專利局的三等技術員。

他是怎麼辦到的？

思想的實驗室

我們時常認為哲學家與科學家的思考方式是非專業人士所不能理解的，但這樣的「常識」是錯誤的。

有一種學界公認相當實用、有效，同時能讓思考變得更清晰深入，並具有啟發性的思考方式。這種思考方式每個人都一定學得會，對每個行業都能發揮用途。

這一種思考方式，就叫做「思想實驗」（Thought Experiment）。

歷史上不少偉人就是透過這種思考方式來創新和發現，包括愛因斯坦在內。

先舉兩個經典有趣的哲學例子：

桶中之腦

想像有科學家把你的大腦從體內取出，放在某種維持生命的液體中。大腦上插著電極，電極則連接到一臺能產生圖像和感官訊號的電腦上。因為你獲取的所有關於這個世界的資訊，都是通過你的大腦來處理，這臺電腦有能力模擬你的日常體

驗。如果這確實有可能做到，你要如何證明自己周圍的世界是
真實的，而不是由一臺電腦產生的模擬環境？

電車難題

　　想像一個瘋子把五個無辜的人綁在電車軌道上。一輛失控
的電車朝他們駛來，片刻後就要碾過他們。幸運的是，你可以
拉下一個拉桿，讓電車開到另一條軌道上。但還有一個問題：
那個瘋子在另一條軌道上也綁了一個人。考量以上狀況，你應
該拉下拉桿嗎？

　　在閱讀這兩個例子時，你是否發現自己陷入了沉思呢？

　　思想實驗的第一個主要功用，就是能讓你彷彿身歷其境般
地思考對策、觀察與選擇。換言之，**思想實驗擁有充分激發思
考的作用，並能帶來沉浸思考的效果。**

　　哲學家最愛用這種思考來探討真理，這幾乎是所有哲學家
最慣用的思考方式之一。

　　科學家則會用思想實驗做出大膽假設：

孿生子悖論

愛因斯坦將自己分裂了出來，當然，不是在現實世界裡，而是在想像裡將自己分裂成兩個長得一模一樣的雙胞胎兄弟。

哥哥叫 AL，喜歡待在家裡看電視及種花；弟弟叫 Bert，喜歡四處旅行，喜愛探險刺激。Bert 很快就在地球玩悶了，於是登上了太空船，飛到宇宙去探險；而 AL 則依然待在家裡，過著他那無憂無慮的生活。

地球上的十年過去了，一切看起來都還很正常，但事實上卻不是這麼一回事。待在太空船上的 Bert 覺得時間過得很慢，這段時間他經常在想，如果回到地球，自己的樣子一定會比 AL 蒼老得多。

而 AL 則認為，待在地球的自己應該會比 Bert 顯得蒼老，因為他也覺得自己的時間過得很慢。

但兩人之中，只有一個是對的。當 Bert 回到地球後，兩兄弟重逢時，雙方都大吃一驚——Bert 的樣子竟然比 AL 年輕多了，AL 在長相一模一樣的弟弟身旁，顯得老了許多。

會發生這個現象的原因在於，當 Bert 身處速度飛快的太空船時，Bert 的時間變慢了——從外面看來，Bert 的一舉一動會像電影裡的慢動作一樣。但 Bert 本身並不會察覺到這件事。

這是愛因斯坦著名的思想實驗 —— 孿生子悖論（Twin Paradox）。這個思想實驗讓愛因斯坦萌生了《狹義相對論》的思想，種下了開啟新物理學時代的種子。

這思想實驗的特別之處，在於它的描述是有違常識的；但當你進入這個思想實驗後，又會覺得裡面的描述符合直覺。

愛因斯坦的《相對論》是個非常複雜的理論，但他的思想實驗卻可以讓所有人更理解他的理論。**思想實驗的第二個主要作用，就是能讓人清楚理解事物的含義。**

愛因斯坦非常擅於提出思想實驗，不過，他並不是第一次進行思想實驗就有如此壯舉。據愛因斯坦的傳記裡提到，愛因斯坦在十七歲左右就開始思考有關光的事情。每當他閒暇的時候，就會到附近的草原望著天空，想像自己乘坐光速飛到遠方，他從年輕時就已經在意無意地訓練想像力。

愛因斯坦曾經說過：「想像力比知識更重要，因為知識是有限的，而想像力概括著世界上的一切，推動著進步，並且是知識進步的源泉。」

但是，愛因斯坦真的只用了想像力嗎？

答案是否定的。

思考的具象

比起一般人，愛因斯坦無疑更充分地利用了構造思想實驗的三個元件，我稱之為「思想建構器」。

顧名思義，「思想建構器」的主要作用就是建構思想，裡面包含了三種系統，分別為「圖像系統」、「詞義系統」和「意感系統」，這三種系統能從各自的維度對事物進行提取、反映和理解。

這聽起來好像很複雜、很難以理解，但其實不會，讓我簡單地解釋：

「思想建構器」像是一套總是啟動的處理器，如果我叫你「千萬不要去想黃色的大象！」你還是會想像出黃色的大象對吧？

你會從記憶庫中提取出「黃色」和「大象」，並將兩者加工，投射出「黃色的大象」是怎麼樣的，並理解黃色的大象有什麼意思——這是「圖像系統」的自動作用。

當你在讀著這一段文字的時候，你會自動提取你看到的每一個字的意義，並轉換成一段完整的語音，然後你會理解整個

詞彙組合的意義──這是「詞義系統」的作用。

　　當你在讀完上段文字後，你又會因為想像了黃色的大象，或理解了那些文字的含義後，心頭湧起了對這些資訊產生的情緒、感覺。然後你會覺察到這些感覺是怎麼回事──這就是「意感系統」的作用。

　　「圖像系統」負責畫面、景象、顏色、想像等影像處理。

　　「詞義系統」負責語音、詞彙、對話、意義等資訊處理。

　　「意感系統」負責直覺、同理心、鏡像神經元效應等潛意識反應。舉例來說，哲學家的「直覺幫浦」❶ 就是一種對意感系統的應用──這可能比較難理解一些，我們來親身體驗：

　　想像你的母親帶著溫柔的微笑望著你，你嘗試與她互動、撫摸她的臉，母親笑得更開懷了，瞇起眼睛望著你。

---

1. 直覺幫浦（Intuition Pump）是一種思想實驗，其結構允許思想者使用他們的直覺來開發問題的答案。

　　就在剛才短短的幾秒鐘中，你本能地理解了句中的意思，並自動投射出母親的圖像。同時，你可能感覺到了一股溫柔感覺，那是母親的微笑讓你產生了共情，引起了你的情感共鳴。如果你想像得夠投入，你可能還會因為母親的微笑而嘴角微微上揚，這是鏡像神經元效應。最後，你透過這個想像例子瞭解了我說的「意感系統」是什麼，儘管我沒有用很學術的方式去解釋，但這就是直覺幫浦的作用（注意：直覺幫浦、同理心和鏡像神經元並不屬於同一個大腦神經機制，但因為它們都屬於潛意識層面的本能反應，因此我將這些機制統稱為「意感系統」。）

　　如果你還是無法完全明白「意感系統」，你可以直接把它當作是一種「負責一切『感覺』的潛意識機制」。

　　這三種思想建構器的元件是互補互助的，甚至可以說是一體的，當其中一個發揮作用時，另一個也會跟著運作；之所以分開來講，則是為了方便理解。

**　　思想是由圖像、詞義和意感這三個元素所組成。**

　　人只要一思考，必定會牽涉到思想建構器的運用。用電腦當作比喻：一個沒有思想建構器的人，就像是一臺只有 CPU 的電腦。如果沒有螢幕，也沒有喇叭輸出，那就算裝了再高階

的 CPU，你也無法具體知道它在運行什麼。

　　沒有思想建構器，思維的各種「顯示」就無法存在，你也就無法評估自己在想什麼。

　　思想建構器會如本能般地運作，早在你還沒讀過任何關於思想建構器的知識之前，就已經掌握它的運用了。但這不代表你已經知道如何在現實生活中應用它——因為大部分人對思想建構器的應用，都還停留在本能的層次。我們其實還可以更有系統、更有目的地運用它。

　　例如，你會在開車或搭車時想東想西，或許會想到和朋友出遊時的趣事、工作上的公事、家人的私事。在想這些事情時，你同樣經歷了畫面、詞義和意感的建構，但你只是想起來而已，並不是有目的地運用它。

　　有目的的運用則是：你一開始就有明確的目標，接著有意識地進行思想建構；你在思想過程中進行推理，最終達到某個結果。思想實驗就是這樣的其中一種運用。

　　愛因斯坦會刻意運用思想建構器來建構一個思想實驗，讓自己進行物理推理。事實上，愛因斯坦大部分的研究成果都是**以思想實驗來論證，再加上用數學公式證明。**他提出的許多理論在當時並沒有得到科學實驗驗證，僅是以思想實驗和數學來

證明。

　　愛因斯坦對思想建構器的刻意運用並非特例，在他之前和之後的諸多科學家和哲學家，都會刻意運用思想實驗進行推理，無論是古時的柏拉圖，還是近代的薛丁格。

　　每個人都擁有運行思想建構器的本領，但只有那些真正卓越和出色的人物，會刻意運用思想建構器來解決問題。

　　當然，也不是只有科學家和哲學家可以刻意運用思想建構器，在該領域的另一端，作家和編劇也會利用思想建構器進行「幻想創作」：

　　小明和小強在逛街時被敲昏擄走，醒來時發現自己身處一個地下室。他們不知道為什麼自己被帶來這裡，而他們的身上除了穿著的衣服之外，沒有任何其他東西。房間的門並沒有鎖，而他們也不知道外面藏著什麼東西，以及擄走他們的人有什麼目的。他們聽到外面有機器運作的噪音，發現地上有張寫著血字的紙條：「救救我！」

　　現在，請依照以上的設定想像出接下來會發生的事情。假想自己就是小明或小強，想像出兩人會出現怎麼樣的互動、對話、反應和決策？接下來會遇到什麼東西，發生什麼事情？最

後的結局會是如何？

　　寫下這些想像，你就能獲得一本小說或影視作品的初稿——至少是一個故事的初稿。

　　無論是編劇、作家還是物理學家，每個人都可以運用思想建構器進行深度思考，而剛才提出的，僅僅是眾多方式的其中之一。

　　為了讓你能夠更純熟地運用思想建構器，讓我們換一個更便於理解的方式來深入講解。

思維的房間

請放慢速度細細閱讀，察覺思想建構器的變化。

深呼吸一口氣，開始想像。

你看見眼前有一扇門，門上掛著一面寫著「思想建構器」的門牌。你打開這扇門走進房間，看到一張紅色的沙發位於房間中央。沙發前擺著一個控制臺，控制臺上有一個大螢幕和一套很好的音響設備，這裡看起來就像是太空船裡的控制臺。

你坐上紅色沙發，看見控制臺上有三個按鈕，分別是畫面、詞義和意感。你知道這是「思想建構器」的三個功用，分別控制螢幕、音響和那個紅色沙發。

當你按下第一個按鈕時，畫面開始浮現：你看見美麗的沙灘，往上看有藍天白雲，往下看有清澈蔚藍的海水，你旁邊則坐著你最要好的朋友。

你覺得這很有趣，於是試著按下第二個按鈕。你聽見好友用沉重的聲音對你說了一句話：「海嘯要來了，我們會死在這裡嗎？」

你立刻望向前方，果然看見烏雲密布的天空之下，一道巨

浪高高升起。

　　你不知道你可以做些什麼，於是你按下了第三個按鈕，你看見你的朋友紅了眼眶，他的手臂正在顫抖，你深刻體會到他的無助，而你自己也無法控制地開始心跳加速！

　　但是，你才是這個世界的主人翁，這裡的一切都由你做主。你知道你可以控制這個世界的走向，只要你的意念一動，海浪就會歸於平靜，烏雲就會消失無蹤，而你的朋友由始至終都在高興地打沙灘排球。

　　你覺得滿好玩的，於是你在沙灘上站了起來，對著面前那一片海舉起手臂，海浪隨即如你所願變得更高了；當你揮下手臂，海浪又變低了。你還可以讓海水的顏色由藍轉黃，也可以讓椰子樹的椰子「咚」一聲掉落，或者讓你的朋友讚美你一聲「你好強！」

　　這時你忽然意識到，思維建構器所建構的景象是「半自動式」的。椰子掉下來的瞬間，你並沒有指示椰子要掉多快，但椰子還是自動用正常的速度掉下來了。

　　如果這時你打開海灘邊的水龍頭，水也會自動流出，無需你告訴它要流得多快。如果你要讓水浮起來，水就會自動浮起來，漂浮在空中。

　　物理性質在畫面中會自動播放，而無需意識控制。水是怎麼流動的、怎麼流向該流的方向，水珠是如何漂浮的，取決於你記憶印象中對該情況的物理理解，而會自然而然地表現出來。這個現象是先前提到的「直覺幫浦」的效果，是第三個按鈕的結果。

　　現在，你按下控制臺的開關鈕，所有景象都消失了。你走出思想建構器的房間，回到現實之中。

　　思想家和科學家們將思想建構器的運用稱作「思想實驗」，小說家和電影編劇則稱之為「幻想創作」。因為你可以運用思想建構器進行任何創作活動，從一個人物、一個故事，到一部電影，甚至一整個奇幻／科幻世界。

　　你所見的任何影視作品和小說，都是創作者們刻意或無意間運用思想建構器創作而來，無論是《哈利波特》、《冰與火之歌》、《三體》❷還是《基地》❸。

---

2. 中國作家劉慈欣於 2006 年 5 月至 12 月連載於《科幻世界》雜誌的長篇科幻小說，於 2008 年出版。

3. 美國科幻小說家以撒・艾西莫夫於 1951 年出版的科幻小說短篇集。

　　人類文明上有許多的理論發現與論證，同樣與思想建構器塑造的思想實驗有關，例如：愛因斯坦的「孿生子悖論」、薛丁格提出的「薛丁格的貓」、哲學家希爾勒裡提出的「中文房間」❹等等。

　　而孫武，也是其中之一。

---

4. 此思想實驗一般用於說明，電腦不需要像人類那樣「理解」資訊的含義，亦能表現得很有智慧。就像一個人就算不懂中文，亦能單憑使用中文詞典（而無需學會中文）來對中文給出解釋。

孫武和他的兵法

　　孫武因不堪齊國攻戰頻繁，因而南下吳國避開戰爭，而後認識了他仕途的貴人伍子胥，兩人結成莫逆之交。

　　孫武到了吳國後，便隱居於姑蘇城郊的穹窿山，每天以務農為樂，過得悠遊自在。

　　孫武就是在這段悠哉的日子中寫下受推崇至今的著作——《孫子兵法》（原名《兵法十三篇》）。而當時的他還未領兵打過半場仗，也沒有任何作戰經驗。

　　據史料記載，孫武的家境背景很不錯，以當時的民生來說，孫家是有頭有臉又有錢那種。他年輕時閱讀過古代軍事經典《軍政》，以及古代名相伊尹、姜尚、管仲等人的用兵策略，因此可以斷定他擁有一定的兵法知識。

　　但懂得兵法知識不過是一個基礎。當世不乏讀過兵法，甚至是實際打過仗的將領謀士，可是寫得出《孫子兵法》的卻只有孫武一個。

　　到底是經過怎麼樣的一個思考過程，才能讓一個身無戰績、毫無經驗的人寫出這等巨作？

　　我曾經尋找有關孫武的史料，都是表面記載，孫武本人當然也沒寫過任何自傳。我也曾經上網尋找歷史學家對孫武的看法，發現沒有人對他能沒打過半次仗就寫出兵書名著的原因做出解釋，研究過他的人，對他唯一的解釋就是——他是天才。

　　多麼便捷的方法啊！只要把不能解釋的東西都冠上天才這一個稱號，彷彿一切就沒必要解釋，也不關我們的事了。

　　統一我所看到的解釋，就是「孫武是天才，他學過兵法，擁有兵學的天賦，因此即使沒打過仗也可以寫出《孫子兵法》」。這種說法雖然不至於不正確，但還是太簡單粗暴，我認為可以更深入的解釋清楚。

　　試想，若孫武不是運用了巧妙的思考方式，他又怎麼可能寫得出這樣一部「世界第一兵書」呢？如此成熟的軍事思想內容，難不成是從出世時就已經刻在他的基因裡面嗎？

　　那麼，孫武到底運用了什麼樣的思考方式？在第八章中，我們會詳細談到。讓我們先來看看另一位奇人的想像方式。

奇人的想像

　　前面我們有提到尼古拉‧特斯拉這個人對外的「智慧」缺陷，也提到了他是位出色的發明家，但還沒提到：他擁有異於常人的思想建構器。

　　特斯拉貴為二十世紀最偉大的發明家之一，自然有過許多出色的發明貢獻。除了發明我們使用至今的交流電外，他還發明了無線電和遙控制導裝置的科技，就連當今赫赫有名的特斯拉汽車公司（Tesla Motors），所製造出的第一輛完全不用汽油、只用電力的高性能汽車，也是以這位二十世紀偉大發明家所發明的技術做為基礎。

　　但特斯拉不只被形容為「一位發明家」，而是一位「奇怪的發明家」。奇怪在於他的生活，他熱衷於電氣機械發明的程度之高，讓他決意終生不娶，以免干擾了他的工作；他幾乎沒有朋友，並不是因為他不需要，但他的性格導致這些朋友都不長久；他一輩子的儲蓄都用來購買研究器材、材料，因為那是他最大的享受。

但這些都不是他最突出之處。他真正突出的地方，在於他的思想建構器能力。

特斯拉擁有高於常人的思想建構能力，他所想像的畫面能夠浮現在肉眼所見的畫面裡。這意味著，當他想像霜淇淋的時候，他眼前就會出現霜淇淋的畫面，而且非常真實，以致於他有時甚至會分不清哪個是現實，哪個是自己的幻想，這無疑讓他生活上出現了許多不便（想像你走路時看見前面有一塊大石頭，但你竟然無法斷定這塊石頭是不是真的。）

雖然這種特殊能力讓他受盡生活上的不便與折磨，但也正是這種能力，讓特斯拉註定比一般發明家更出色──當他腦海裡浮現一個新點子時，新點子的一切機器組裝都能夠在他的視覺想像裡完成，一臺嶄新的機械隨即就在他的腦海裡開始運作起來。

有一次，他曾經向助手展示了一次這項本領。當他們建造好一臺新的機器後，他們理應花一段時間進行運轉測試，以檢查機器的性能與零件耐用程度。

特斯拉和助手打賭，他在運轉測試之前就能預判這臺機器將會有哪個零件受損、哪顆螺絲損壞。機器運轉了三個月後，助手驚訝地發現，機器裡面所有損壞的零件竟然完全符合特斯

拉的預判。

與其他發明家不同，特斯拉製造機器不需要藍圖，單憑思考與想像就能建造出來，他的想像總是能夠正確地反映在現實的機器運作中。

你可能會說：等等，特斯拉這種想像力，每個人都可以做到嗎？

這問題的答案並不是非黑即白，而是：有可能。因為每個人都隱藏著特斯拉那般的想像力，只是我們很難用得著而已。

被埋藏在深處的能力

普通人也擁有這樣的想像力——能在想像霜淇淋時，讓肉眼所見的畫面也會浮現真實一般的霜淇淋。

在催眠領域裡，當一個人被催眠至第五級深度催眠狀態時（第六級為最深），會出現「正性幻覺」。這指的是：他會接受催眠師的暗示，看見現實中不存在的東西。如果催眠師暗示空蕩的牆壁上掛著鐘，那受暗示者就會真的看見一個鐘懸掛在那裡；如果催眠師暗示牆壁上掛著的是照片，那受暗示者就會看見照片。

這暗示著，其實我們都擁有特斯拉般的想像力，這能力埋藏在我們的深處，只是被我們的某項心理機制的保護作用抑制了下來。

試想，如果心理機制沒有把這種想像力抑制下來，那你會因為無法分辨現實跟想像而受盡折磨。你可能會看見不應該還在的人，或者看到並不存在的威脅，變得疑神疑鬼，最終導致精神崩潰，這樣的情況比缺乏想像力來得更糟糕。

換句話說，特斯拉那樣的想像力，其實是心理機制出了問

題的人才能「獲得」的能力。

　　這也意味著，每個人都具備很好的思想建構能力，但在一般狀態下，我們無法像特斯拉那樣「神奇」。不過，如果我們能充分運用自己本身具備的想像能力，就已經是很不錯的成績了。例如，愛因斯坦就沒有特斯拉那種想像力，但也一樣取得了巨大的成就。

　　那麼，如何在生活中應用想像力呢？

四種想像力

想像的方式可以有許多種，而本書只介紹其中四種：第一種想像是「思想實驗」，第二種是我們已經稍微談過的「幻想創作」，第三種想像是「白日夢」，第四種想像是「播放未來」。

想像的世界完全任你控制，你可以隨意刪改和創造裡面的一切，任意發揮。你怎樣運用想像，想像就會帶給你怎樣的回饋。你可以想像天上掉下來一張可以買下所有東西的萬用卡；你可以想像自己被蝙蝠俠挑選為戰友；你可以想像地球是四方的，太陽是三角形的等等。**這一類天馬行空但不現實的想法，就是幻想。**

而當你用幻想進行創作，幻想就不再只是幻想，而是「幻想創作」。

你可以設計出一個虛構的世界，裡面的物理規則、人物性格、國家背景全由你設定。當條件都設定好後，你可以以自己的知識和經驗，去推測角色之間會發生什麼事情？在這個虛構世界中會演化出什麼樣的事件？如果梁山伯在故事裡被刺殺

了，會是怎樣的結局？如果祝英台擁有把別人變成蝴蝶的魔法，她會怎麼運用這個能力？福爾摩斯要怎麼找到刺殺梁山伯的兇手？

　　你可以對這個虛構世界給出很多不同的「如果」，以推進故事的進展，然後轉化為任何有意義的載體（如圖像與文字），但幻想有它的限制。

　　你必須知道，你幻想不出你不知道的東西，因為幻想是基於已有資源的重複使用，例如：想像出天馬的人，是將動物的角和鳥兒的翅膀結合在馬兒身上而來。如果這世界上沒有鳥類的話，那長翅膀的馬也就無法被想像出來。

　　再舉個例子，為什麼古人想像不出半人半機械的虛構生物？並不是因為他們沒有現代人那麼聰明，而是因為當時機器還沒被發明，僅此而已。

　　人無法想像出自己不曾見過的事物，所有的想像和幻想均由已知元素融合組成。

　　和「幻想創作」非常接近的是「白日夢」，白日夢也是一種幻想，而兩者的共同點是同樣不需要在意現實，可以自由的天馬行空。而唯一可以區別兩者的，是它們的意識性。

　　白日夢來自於無意識，你在發呆時白日夢會自然浮現，你

會思考自己如果是有錢人的小孩你會做些什麼,你會想像自己發大財之後會買些什麼,而白日夢除了讓自己爽一下之外,並不會帶給你什麼實際效果。

幾乎所有機械性的想像都屬於白日夢。機械性的想像總是幫不到別人,也幫不到自己,只能像是一種麻醉劑,將自己麻醉在想像中的美好世界裡。

與白日夢不同,「幻想創作」是有意識的、刻意的想像力運用。

當一個作者費盡心思去創作時,當一個漫畫家想像格鬥場面時,當一個演員幻想出不存在的世界時,他們都是在進行「幻想創作」。可以說,「幻想創作」是大部分創意工作者的主要想像方式。

第三種想像力是我們多次提到的「思想實驗」。

和「幻想創作」的特質不一樣,「思想實驗」更趨向於現實而非幻想。大部分的思想實驗,例如,先前提到的電車難題,愛因斯坦的孿生子悖論等,雖然同樣是利用想像虛構出某個時空情景,但要達到的目的卻不一樣,**「幻想創作」是為了完善某個虛構世界,「思想實驗」則是為了解決現實中的問題,找到真實的答案。**

「幻想創作」裡會創造出飛龍、魔法、哈利波特，但「思想實驗」則不為創造出這些東西，而是為了帶出問題，思考問題。

看到這裡，有些人會可能會認為：「我不想要做任何創作，生活中也不會有運用『幻想創作』的機會；我也沒有利用『思想實驗』去解決問題的需求，看來我是不用在意想像力了。」

這是錯誤的想法。因為還有最後一種想像力，它適用於每個人，而且對經常運籌帷幄的人來說，這種想像力至關重要。

它是思想實驗的延伸運用——播放未來。

播放未來

　　每個人都希望獲得精準預測未來的能力。雖然在物理世界裡，我們可以精準地預測水達到一百度時會開始沸騰蒸發；我們可以確定明天太陽還是會照樣升起。但是，在人類的精神世界裡，我們連自己是否明天還會一樣快樂，也不敢肯定。儘管如此，我們還是一直在不停的嘗試預測未來：明天是否會變得更好？

　　美國國家經濟政策的權威人物艾倫‧葛林斯潘（Alan Greenspan）曾在他的著作《世界經濟的未來版圖》中這麼寫道：

　　「儘管預測失敗的經驗層出不窮，預測這件事卻絕不可偏廢，因為預測是一種天生的人性需要。畢竟，愈能預見生活環境中各種事情的後續發展軌跡，我們就愈能做好準備，善加回應那些事件，而這全是為了改善未來的生活。」

　　但怎樣才能改善預測的結果呢？我想出了「播放未來」這

個思維技巧。現在，我們直接做個最基本的「播放未來」操作：

想像自己從你現在身處的位置站了起來，繞過障礙物，朝某個方向前進十步。你會到達什麼位置？你會看到些什麼？

離開想像，親身走一遍，結果目的地是否和你的想像吻合？如果吻合，恭喜你！你已經完成最基本的「播放未來」練習了！

「播放未來」的概念就是這麼簡單，一點都不難，你幾乎可以本能地操作。但這只是一個小測試而已。

現在，想像你是一位軟體工程師：

今天早上一踏進公司，主管就把你叫進他辦公室，平時看似悠閒的主管一改姿態，變得嚴肅起來。

顯然，今天有位新客戶委託了一個緊急案子給公司，這種緊急專案通常給的價格會比較高，是個重要的案子。

「客戶說如果能夠完成這次的案子，那以後會有更多的案子給公司。我把這個案子交給你，如果你做得好，就是立了大

功，公司會分配一部分獎金給你。」

你聽見這樣的消息後又興奮又著急，因為你知道這份獎金幾乎等於你三個月的薪水，你可以用它來做很多事情，你問：「這案子什麼時候要完成呢？」

主管的眼神忽然變得憂慮了起來，語氣帶有一點無奈地說：「無論如何，明天早上一定要做好。」

你知道這案子雖然一個人就能完成，但明天早上就要交?!這時間限制讓難度大大提升，而這時老闆又無法調配其他人手支援你。

但你還是硬著頭皮接了下來。你回到座位後立刻開始以最快的速度工作。由於是新客戶的專案，與你之前做過的專案有著很大的不同，但技術操作上依然是大同小異，只是要不停地「Debug」。

對軟體工程師來說，Debug 是無可避免的事情，軟體若干的程式碼，只要稍有錯誤就足以讓整個軟體崩潰。但 Debug 同時也是最耗時的事情，因為要不停的重複運行軟體。如果基礎的程式錯誤，上層的軟體就會無法運行，最糟的結果就是要重新編寫軟體。

你當然知道專案本身並不複雜，性質可以說是還算簡單

的，但時間還是太少了，畢竟你只有一天。你從早做到晚，午餐晚餐都草草解決，但進度依然趕不上。或許是因為你過度緊張，或許是因為你在剛開始時沒有概覽整個時程，到了凌晨四點，你還是沒能讓軟體順利運行。

太陽從窗外高高升起，你目光呆滯地看著電腦螢幕，依然在進行測試跟 Debug。主管推門進來，走到你後方看著你的螢幕。

螢幕無情的彈了一個視窗出來，紅色的交叉圖旁邊寫著「程式執行失敗」。

你有氣無力的告訴主管只要再給你半天時間就好，主管卻冷冷地說：「算了吧，已經沒有時間了。」說完就頭也不回走進辦公室。

你失落地站了起來，走到廁所洗臉，潑在你臉上的冷水讓你稍微打起了精神。許多的不甘湧上心頭，你暗罵自己白白錯失這等好機會。你望著鏡子裡的自己，想著：「難道我的實力就只有這樣嗎？」

忽然，一位仙子憑空出現，消除了你關於這個專案的記憶，並在你腦袋注入了一個叫「播放未來」的思考技巧，然後讓時間回到昨天，你剛接下案子回到自己的座位的那一刻。

　　這次，你沒有立刻著手工作；相反地，你躺在辦公椅上閉上了眼睛。你開始「播放未來」，想像電腦測試的第一組程式碼是否可以運作？還是應該用另一組程式碼組合？

　　你知道「播放未來」是為了減少自己的失誤，從一開始就做對決策。你把不需要的步驟剔除掉，找出自己該專注的地方，並開始在執行時全力進攻那一塊。

　　你嘗試想像你開始工作時會遇到什麼狀況，程式碼不斷湧上眼前，你將你認為可行的方法在腦海裡預演了一遍。儘管你的想像並不詳細，但在「播放未來」過程中，你發現原本以為可行的方法原來並不正確，至少不是最好的，而你差一些就要為此耗上幾個小時的代價。

　　你隨即另尋方法，一段段程式碼不斷在你腦海裡衍生開來，你在「播放未來」裡前後淘汰了不少不可行的方法，並搜尋了一些網路上的資料。終於，你想到了最恰當的方法，而這整個思考過程少於半個小時。

　　事情進展得異常順利，儘管一些小瑕疵依然耽誤了你不少時間，你草草吃過午餐晚餐，時間來到了凌晨十二點，你只剩下一點細節要更改。

　　太陽早已從窗外高高升起，你帶著一絲興奮的神色望著螢

幕，滑鼠不停地在軟體上游走測試，每一個功能都完美無誤。主管推門進來，走到你後方看著你的螢幕。

　　儘管這個案子相對來說並不複雜，但要在一天之內完成確是一個壯舉。主管拍了拍你的肩膀說道：「不錯，做得非常好。」

　　你非常慶幸自己一開始有做好準備，否則打從一開始你就註定浪費時間在不對的方法上了。你洗了洗臉，潑在臉上的冷水帶來一絲絲清醒，你抬頭看著鏡子裡的自己，看見的是一臉滿足與自信的笑容。

　　「播放未來」是以現實世界做為沙盤，將自己置身於想像世界之內，從裡面引發自身的一連串思考與自省，讓你及早發現自己的決策漏洞，獲得更全面、更有遠見的見解。

　　因此，播放未來實質上已經超越了「預測」這個目的。除了嘗試預測之外，你還試圖從預測中改善自己的決策，從而朝向更好的結果發展。

　　你可以借助這種方式去啟發更多思考，排除掉過於魯莽的決策，找到更明智的決策，然後一擊即中你的目標。

　　而實現這一切的唯一要求，就只是閉上眼睛——開始想像與思考。

不確定性因素

要成熟地運用「播放未來」，就必須分清楚確定性和不確定性因素。例如之前的練習，你想像自己走十步會到達什麼位置，這有一個確定的結果；而不確定性因素，就是當你走這十步時，你不知道會不會有人正好經過攔住你，或出現其他障礙。

又例如，你想和某個陌生人交朋友，你用「播放未來」讓自己在想像中和陌生人搭話。如果你很客氣地說話並提出請求，對方有很大可能也會客氣回應並接受你的好意；但與此同時，也存在會他把你當作推銷員看待的可能性，你不知道他到底最終會給你哪個反應，這就是不確定性因素。

不確定性因素好比計劃中殺出的程咬金，由於現實世界總是變化多端，因此世界上沒有人的預測可以完全精準，因為人們無法預見不確定性因素。別奢望自己能百分之百預測出下一分鐘這世界會發生什麼事情，那是神棍在做的事情。

一切的「播放未來」所想像出來的結果都只是一種參考，是一種加大自己成功機率的輔助，一個檢測自己決策的方式。

　　有個讓自己的預測變得更實用的方法，那就是為自己的預測加上機率。

　　例如，你可以合理相信你去見客戶的路線 100% 會遇到塞車，其中 70% 可能塞二十分鐘，20% 可能塞二十五分鐘，10% 可能塞三十分鐘；因此，你決定答應客戶二十分鐘左右會到達，最遲三十分鐘左右。

　　最後，你必須意識到，每個人都只能利用他們有限的經驗、知識和直覺去預測；因此若想增強預測能力，在平時培養累積相關資料的習慣是十分重要的。

　　現在，想像你用「播放未來」進行預測，並以此結果為根據，運用在現實的工作中。而當你做了某一項決策，事情卻被無法預料的不確定性因素搞砸時，該怎麼辦？

　　曾經有一次，我答應客戶要在隔天晚上八點之前，把專案完成提交給他。這個承諾是我親口答應的，這代表如果來不及完成，我就得負責。

　　讓人擔心的事情還是果然發生了。隔天早上我的存檔故障，怎麼樣都無法正確執行，唯一的解決辦法就只有重做。

　　於是我重新開工，一邊做一邊擔心能否趕上約好的時間，

當我折騰到七點的時候，我徹底放棄，因為已經不可能在八點前完成。當時我感到非常焦慮，於是我跑到主管桌前求救，告訴他來龍去脈，內心天真地奢望他能出馬幫我擺平客戶。主管對我說了幾句平凡無奇的話，我卻記得至今：

「就算這個時候發生這種事不全是你的錯，但你怨天尤人也沒用，時間是你自己訂的，你自己負責。你最好開始想想怎麼向客戶解釋，而不是想辦法推卸責任。」

面對不確定性因素，你必須有既來之，則安之的心態。有時候你雖然已經盡力避免把事情搞砸，但事情還是搞砸了。這時你唯一可以做的事情，就是專心讓情況變得更好，儘量挽回局勢，並做好承擔責任、承擔最壞結果的覺悟。

可是在現實生活中，你總會遇到一些困難，這些困難激發了你的情緒，可能是恐懼，也可能是憤怒，總之會讓你無法理智，於是你開始胡思亂想，愈想就愈陷入情緒中。

直到你下定決心做出一個錯的決定。

決策的智慧

　　我有一位智商不錯，但智慧未滿的朋友。之所以這麼說，主要是因為他為人處世的方式依舊稚嫩。

　　他為人不錯，但太過執著。他堅信只要自己堅持不放棄，就必定能改變結局，但遺憾的是世事總未能如他所願，導致他傷痕累累。他向其他人抱怨，我們勸他放棄，他不聽，說怕後悔，依舊繼續；但前方路途不通，他又欠缺改變局勢的實力，最終導致自己長期鬱鬱不得志。

　　簡單來說，他不知道該怎麼辦，甚至沒想過自己可以怎麼辦，他只是機械化地在困境中堅持、掙扎。

　　當計劃趕不上變化時——亦即人生大部分的時候，你都可以用以下的問題檢視自己的決策思考：

1. 你遇到了什麼障礙？這個障礙有辦法解決嗎？
2. 你有必要解決這個障礙嗎？是否還有更重要、更緊急的障礙等待你去解決？
3. 有其他更省事、更有效率的途徑嗎？

4. 凡事都有至少三種選擇：換一個方向解決，創造一個方法解決，找到對的人幫忙解決。這些選擇你都嘗試過了嗎？

5 如果還是沒辦法，就做好覺悟徹底放棄它，問題都解決不了了，還糾結什麼呢？繞道前進吧。

6. 若情況不允許你放棄呢？那你只能轉攻為守，讓障礙的影響減低，或執行備用計劃。

「想太多的人」和「想得多的人」的具體差別就在於：

「想太多的人」遇到障礙猶豫不決，總是讓自己卡在困境之中。他們擔心預測不了的不確定性因素，執著於自己無法完成的事情，總是在遇到困難時糾結不已。

「想得多的人」則總是把力氣放在思考如何解決眼前的問題，他會嘗試用許多辦法、許多角度去解決問題。他們知道什麼東西該堅持，什麼東西該放棄；而那些他們改變不了的事情，他們就不會去想。

憂慮都是多餘的，**只有持續前進是必要的。**

你的未來，需要你去多想，但不需要你的胡思亂想。

第 7 章

為什麼愛演的人更聰明

　　兩位老者在公園裡交談，一位叫白髮老者，另一位叫白鬍老者。

　　白髮老者說：「你一定也聽說過人生就如一場戲，而我們都是演員。一個人能不能夠成功，就得看他在人生的舞臺劇上，是否能演得出色。」

　　「大部分的人連自己的角色都演不好，還想談成功？」白鬍老者回應道：「演戲雖然是每個人都有的能力，但他們真的有用過嗎？他們真的瞭解這裡面的奧秘嗎？」

　　白髮老者苦著臉回應道：「幾乎沒有。唉，許多人或許連模仿和演出都分不清楚。」

　　路人甲經過說：「為什麼要演戲呢？多麼虛偽啊！」

　　「什麼？演戲虛偽？」白髮老者和白鬚老者一臉不屑地齊
聲回應路人甲：「我呸！虧你還是個演員呢！」

演員的意感

　　想像你自己是一位億萬富翁，住在小島上的一棟豪華別墅裡。你剛新買了一架直升機，打算請你的一位好友到臨近的馬爾地夫玩玩。

　　當天，你一早起床把所有事情都打理好，待你完成後，你抱著愉悅的心情走出門外，發現好友和他的妻子原來早已等在門外迎接你。你和他們握握手，寒暄了幾句，並拍著你朋友的肩膀，邀請他們一起登上直升機。

　　直升機的聲音非常刺耳，風還滿大的，劃過你的臉時有些許疼痛的感覺；但這不妨礙興致，今天你感覺非常愉快。

　　直升機裡的你一路欣賞著沿途風景，心裡想著：「到達馬爾地夫之後，要先曬日光浴好呢，還是先潛水好呢？」

　　終於你們來到馬爾地夫的上空，從這種高處望下去，馬爾地夫的風景一覽無遺。清澈的海水、溫柔的沙灘，溫暖的海風吹拂著你的頭髮。你雖然已經不是第一次來這裡，但這裡總是能帶給你一種特殊的感覺。現在，你會怎麼形容此刻的感覺呢？

　　現在，讓我們來轉換一下角色──你其實是億萬富翁的朋

友。你這位有錢的朋友邀請你搭他新買的直升機到馬爾地夫度假。你當然知道他不過想找個伴,但有免費好康,你當然也不想錯過。

他的助理把你接到他的別墅。別墅相當大,周圍風景很美,別墅外有山有樹,屋內有花花草草,門口還有一個噴水池。踩在他別墅的庭院裡,就可以感受到身為富翁的氣派和豪華感。

你帶著你美麗的妻子在別墅到處走走:「這就是我朋友的別墅,怎麼樣?很氣派很豪華吧?」妻子摟著你的腰幸福地說:「親愛的,謝謝你帶我來呢～」

你們打算進別墅參觀,但卻被要求在他別墅門外等待,而且一等就等了一個小時。一種情緒湧上你的心頭,你心裡嘀咕:「有錢人就是囂張,要不是看在我老婆非常期待這次旅行,我早就走人了。」

不過,待你這位有錢的朋友從門口走了出來,你之前的怨氣就全都消失了。你帶著笑臉迎接著這個貴人,他也禮貌地回應你,與你握手寒暄。他握手的力道蠻用力的,讓你不經意間注意到他那要價百萬的名錶,你甚至因此忘了問他為什麼讓你在外頭枯等。

　　沒關係，今天是個好日子。第一次坐直升機的感覺不錯，雖然有點吵，但風很大很涼，把你們三個人的頭髮都吹散了。

　　來到馬爾地夫的上空，從高處望下去，馬爾地夫的景色一覽無遺，這時你發現你的富翁朋友異常興奮，他用半開玩笑的語氣對你妻子說道：「這是我第一次帶我這位沒見過大風景的朋友來見識見識，如果不是我，他可能一輩子都不可能看見這麼美麗的風景呢，哈哈哈！」

　　你看見你的妻子連忙點頭附和微笑，看向這位富翁的眼神中還帶著一種仰慕；你轉頭望向下方的馬爾地夫，心頭湧上一種特殊的感覺。現在，你會怎麼形容此刻的感覺呢？

在思想建構器之中，意感系統負責讓人產生不同的意向、情緒、直覺。像上面的例子，你會隨著不同角色的視角切換，因而得到不同的感覺。

為什麼人能對明知不是真實的事情產生出情緒呢？

當你觀看梁山伯和祝英台的電影時，為什麼儘管明知道自己並非梁山伯也非祝英台，還是會不由自主地感覺到他們的無奈與悲痛？

因為意感系統正在發揮作用。

人類學習生存的方式

　　若要更深入的瞭解這微妙的心理機制，我們得先從「模仿」開始說起。

　　每個人雖然有各自不同的學習環境與方式，但我們都擁有同一種學習本能──模仿。

　　模仿本應是一個褒義詞，因為模仿本來就是人的一種本性，但如今這詞被扭曲成醜惡、人云亦云、無主見等貶義，因此人們多少也會有意識地嘗試迴避這個行為。

　　但是，我們每個人從小就是模仿高手：

　　從我們還只是嬰兒的時候，就開始不停地嘗試模仿父母的動作，捕捉他們的表情，以及學習他們的發音。當時的我們對這世界一無所知，唯有從觀察媽媽的臉中，學習她的情緒反應來理解這世界。

　　再長大一點後，出於我們的模仿本能，我們看見大人吃東西時也想跟著吃，但大人不會給我們那些他們吃的食物，而是丟給我們硬梆梆的玩具。沒關係，那鮮豔的顏色看起來的確美

味，所以我們使勁地捉來咬啊舔啊，到最後精疲力盡，才知道那並不能吃。

　　再長大一點後我們開始牙牙學語，父母一直爭相在我們面前說著「爸爸」、「媽媽」，而且不厭其煩地重複著。出於模仿的本能，我們會嘗試去發音，用力控制嘴型跟隨父母的嘴型變動，卻不得要領。我們琢磨了好久好久，終於有一天，我們也不知自己從哪裡領悟到了些什麼，就說出第一個詞「爸爸／媽媽」了。

　　我們從父母的表情與肢體語言中得知，有些東西看起來好玩，卻非常危險。例如當我們偷偷靠近閃爍著火光的蠟燭時，可以從媽咪大驚失色的樣子看出，火是非常危險的。以致於稍微長大後看見弟弟接近那個東西時，我們也會大驚失色地上前阻止，儘管我們可能也不知道它真正危險的原因是什麼。

　　或許是電視裡的超人實在太炫了，強而有力又打不倒，還會飛上飛下。所以我們也開始學著像超人一樣飛行。

　　雖然我們看起來只是在亂跑，還不時自行發出咻咻咻的飛行音效，而飛在天空的感覺也只限於幻想；但這畢竟意味著我們開始模仿父母之外的事物了。不，這時候我們已經不只是單純在模仿，那是大人們形容我們這行為的用詞。

　　我們不是在模仿，而是在演出。

　　（注：心理學家發現，母親在抱著嬰兒時是經常微笑還是經常不耐煩，對孩子長大後的性格會造成重要的影響。也有實驗證明，嬰兒在十八個月左右就會觀言察色，懂得理解他人的情緒。）

模仿與演出的差別

模仿在我們生命中會發揮多大的作用呢？

我可以給你一個肯定的答案：那是改變一生的作用。

你有沒有欣賞的人呢？無論是李嘉誠還是巴菲特、周杰倫還是梁朝偉、九把刀還是韓寒。只要是你的偶像、你的父母，甚至你的好朋友，你都曾經在無意識中「模仿」過他們。

另外，只要是與我們有親密感的人，我們都會無意識地跟隨著他們的節奏，行為舉止也會變得與他們相像。如果是偶像的話，我們還會不自覺地傾向於打扮得像他們，也會模仿他們的言行舉止。

這些都是我們的本能，早已編寫在我們的基因裡，促使我們去模仿我們覺得優秀的人，我們喜歡的人。

從演化論的角度來看，這樣的模仿機制能讓我們從人群中篩選出最好的學習對象。古時的原始人會崇拜驍勇善戰的勇士，並跟隨他、聽命於他，從中學習他的戰鬥方法和勇氣，而這大大增加了部落的生存機率。

我們透過這些無意識的模仿經驗所學習到的，比你想像中

來得多很多。

你甚至會發現，喜歡巴菲特的人會欣賞長遠宏大的目標，喜歡周杰倫的人會更維護自我風格，這些都是我們在成長期塑造自我人格時不可或缺的經驗。但這不是說你喜歡周杰倫，你就一定會在現實生活中變得完全像他，因為在你模仿的人選之中，他只是其中一個。

我們會自然而然地模仿不同的人，以及他們的性格和行為特徵。你和你朋友相處得久了，性格和特徵也會受到他們影響；你和你的戀人在一起久了，也會從他身上吸收了一些原本不屬於你的東西。

這一些特徵會相互交錯並融合在一起，最終組成我們各自不同的性格，也組成了世界上億萬種不同性格的多樣性。

那是不是模仿就是好事？不一定。

模仿可以分為兩類：一類是無意識的，一類是有意識的。

無意識的學習是潛移默化，近墨者黑的，這意味著你會不分好壞地學，而且學到的也不一定都實用。無意識的模仿又可以再分成兩種：第一種是基於對某人的認同感、情感與親近感而建立，如前面所舉例的偶像、朋友和家人。

第二種無意識模仿，是一種羊群心理，如「別人都在做的

東西就絕對不會錯」、「大家都買的東西就是好東西」、「每個人都在做，我不做好像很奇怪」……等心態。

　　但我們都知道，多數人做出的選擇，不一定就是對的選擇。例如一家高朋滿座的餐廳，可能不是食物好吃，只是宣傳手法了得、知名度比較高而已；很多人買的產品也不一定就是適合你的產品，只說明了產品或許相對可靠，或者有可能是盲目的潮流，不代表它就適合你。

　　這一類模仿也叫做盲從、人云亦云。雖然這機制在某些情況也非常有用處，例如發生災難時，嚇得不知所措的人就應該跟隨著大家的走向，那樣或許能提高一點生存機率。

　　有意識的模仿也可分成兩種：

　　第一種是複製性模仿，這是種為了抄襲而出現的模仿，也就是自己不做任何思考，完全去複製他人的東西。

　　雖然這種方法一般也用於學習用途，用來提升知識和技巧的熟練度，幾乎每個教學都是用這類方法學習，但我建議不要長期使用這種做法。剛開始時你當然可以這麼做，但一旦熟練了之後，最好儘快停止這種做法，原因有三：一來是持續效果不大，二來是對創新沒有幫助，三是因為這會形成依賴。

　　劉墉曾經說過，他早期學習畫畫時的畫作都是臨摹他人，

而他的臨摹技巧的確很不錯；但一旦要他畫出自己的畫作，他就會自信全失，畫出來的畫作也和往常的水準有著很大的落差。

他很快的發現那不是辦法，於是咬緊牙關地沉心創作，才慢慢走出了自己的風格。可見模仿式的學習對成長固然有用，但你也必須意識到這個方法的侷限性。

在學習時，就算真的要複製，起碼也要在複製的過程中積極思考，嘗試推理別人是如何創造出這個事物，而不是像個機械人般照抄。

事實上，每一份知識技巧，都需要經過思考才能夠被真正吸收，思考就像我們消化知識的「胃」，知識沒有經過「胃」，你就無法吸收它的養分。

第二種有意識的模仿，其實已不再叫模仿，或許可以叫「換位思考」，但我覺得那形容還是不夠正確。

我稱之為「演出」。

近墨者黑，進墨者更黑

　　成功學常常在告訴人們，想要成為有錢人，就應該多和有錢人打交道；想成為聰明人就多和聰明人喝茶。事實上，的確有研究資料證明，就連一個人的體重，也會受到他身邊的人的體重的影響。❶

　　這彷彿暗示著，你愈常和怎麼樣的人相處，你就愈可能像他們，愈可能和他們在同一個層次。說白了，其中的道理就是要你「近墨者黑」，在潛移默化中吸收傑出人士的思考、處世方式。另外，傑出人士也能為你提供一般人所沒有的管道。

　　好了，我們知道要多和有錢人打交道了，但問題是——在現實生活中，我們或許連靠近他們的機會都沒有。

　　你身邊有許多有錢人嗎？你身邊有很多聰明人嗎？有很多傑出人士嗎？如果沒有的話，你該怎麼模仿他們？

　　在現實世界裡，有錢人不一定會和你打交道，因為身分地

---

1. https://www.nejm.org/doi/full/10.1056/NEJMsa066082

位是一種隔閡。你如果突然接近，他可能會覺得你想靠近是因為他有錢；你如果跟他裝熟，他會覺得你虛偽。也不是說他們都不好，都看不起你，只是或許有錢人也在忙著去和更有錢的人打交道。

聰明人也不一定會和你打交道。他可能會覺得他說的話你聽不懂，而且不是每一句聰明的話都有人想聽，聰明的道理不裹糖衣，更多的是赤裸而現實的。但也不是說他們都不好，都看不起你，只是他們或許也忙著找著像他一樣聰明的，或比他聰明的人打交道（那通常就是忙著閱讀去了）。

那怎麼辦呢？

與其「近」墨，不如「進」墨——讓自己直接「成為」有錢人和聰明人。

我所說的「成為」有錢人不是叫你裝，到處告訴別人你很有錢，那只會得到反效果。我也不是叫你靠外在的包裝，將自己包裝成有錢人；更不是叫你打腫臉充胖子，穿著一大堆自己負擔不起的名牌。

我說的「成為」，是讓你嘗試去演出一個或聰明，或有錢，或傑出的角色，從中體會他們看事物的態度。

但這樣是否管用呢？

卓越的臨場發揮

我小學的時候曾經參加過講故事比賽，那是我第一次被選為班上代表之一。雖然我早已忘了當時心裡的感覺，但還記得回家後我非常努力地練習，每天重複練習講故事的臺詞與語調。

來到比賽這天，終於輪到我上臺。我當時是否緊張呢？我不曉得，我只記得故事說到一半時，我不由自主地深呼吸了一口氣，這個中斷維持了兩秒。

斷了，原本流暢的每一個字，來到這裡忽然就被我的深呼吸打斷了。不知怎麼地，這斷了的短短兩秒鐘，好像特別地長，我手腳都開始發冷，甚至還注意到臺下的評委老師們低下了頭，在紙上寫了又寫，這一幕直到如今還是歷歷在目。

我繼續把故事講完，掌聲還是有的，畢竟對小學生還是要慷慨。比賽結果我落敗了，擺明人人有獎的獎項，我也一個都沒拿到。

這對我的心理產生了一定的影響，儘管不至於讓我害怕上臺，但只要站在臺上我就會發冷，冷到發抖的那種。

直到開始工作後，我上了些培訓課程。對一些導師的臺風與風格都有了印象後，我馬上嘗試在家演出他們，沒問題，很到位。至到某次課程中，導師要求每位學員輪流上臺分享自己在課程裡的收穫，我又再一次面臨挑戰。

還沒輪到我時，我在臺下拼命回顧那位我欣賞的導師的風格，他的語調、肢體動作，甚至表情，都在我腦海裡不停地一一播放。終於輪到我時，走上臺的我已經完全進入角色。

結果如何呢？

雖然只是學員分享，沒什麼得獎與否，但那是我第一次在臺上不再發抖，第一次如此順暢無阻地說出自己想表達的東西。事後，有一位同學告訴我，我的風格有點像那位講師。而也是從那次以後，我上臺演講都不曾出現過狀況了。

一個人對自己的角色定位，可以改變一個人的心理狀況，這意味著，如果你把自己角色定位成流氓，那你可能就會有種落魄頹廢的感覺；如果你把自己的角色定位成博士，那你可能就會有聰明又自信的感覺——這是心理學家的實驗結果：

1996 年心理學家約翰・巴奇（John Bargh）、勞拉・伯羅斯（Lara Burrows）和馬克陳（Mark Chen）進行了一場「促發

實驗」。

受試者被要求將一系列不同的單詞排列成一段有意義的句子，接著研究人員才告訴他，該實驗是一項有關語言能力的研究。當然，事實上並不是如此。

受試者被要求排列的單詞雖然看起來像是隨機的，但其實經過精心設計，例如：「皺紋」、「痛苦」、「賓果遊戲」、「佛羅里達州」和「單獨」之類的。這一串單詞的用意是讓人聯想出一些老人的明顯症狀、特徵和老人的生活。

在受試者離開測試室後，走廊上早已埋伏另一名裝作等著開會的研究生，研究生的外套裡面藏著一只正在計算的碼錶。在測試室門口三十多英尺的走廊上貼著一些記號，研究生的任務就是要測量受試者走過這段距離的時間。

對比兩組人的步行時間後（另一組並沒有被給予老人關聯的單詞），研究發現，紙頁上有老人關聯的單詞那一組行為舉止更像老年人，而且整體步行時間也比另一組更慢。❷

---

2. 關於促發效應的一系列研究結果備受爭議，正反兩方均握有證據、爭辯不休，讀者可自行判斷。 詳 見：https://www.nature.com/articles/d41586-019-03755-2#:~:text=And%20in%201996%2C%20John%20Bargh,if%20they%20were%20older5。

這項實驗結果暗示著，潛意識會受到外在的影響，從而被改變成另一種狀態——而且是在你不知道的情況下。那我們是否可以反客為主，有效地運用這樣的心理機制呢？

當然可以：

戴克斯特休斯（Dijksterhuis）和達安・凡・克尼彭伯格（Daan van Knippenberg）兩位荷蘭研究人員，對兩組受試者進行了測試。他們讓一組人想像自己是個教授，另一組人想像自己是個足球流氓，並給出一些常識性的問題，結果兩組人的答案出現了很大的差異。「教授組」平均答對的機率為55.6%，「足球流氓組」的平均答對率為 42.6%。

「教授組」的人並非都比較聰明，作答時也沒有比較專心，兩組人回答的是同一套問題。唯一的差別在於：其中一組人是從想像自己是教授開始，藉由把自己想成聰明人，讓自己進入「聰明」的心態，這顯然幫助他們提高 13% 的答對率。❸

---

3. 同上一註解，研究結果備受爭議。

　　這個現象被學界稱為「促發效應」（Priming Effect），如果你演出聰明人，那你的思維可能會變得更有洞見；如果你演出傑出商人，那你的想法可能會變得更務實。

　　與其「近」墨者黑，不如「進」墨者黑。讓自己走進不同顏色的墨，讓你的思維成為一個色彩繽紛的藝術品。

　　對於這一種現象，神經學家的研究或許能幫助我們獲得更好的理解：

　　科學家偶然發現，當猴子看見人吃霜淇淋時，會有一部分神經元活躍起來。於是他們開始研究這是什麼神經元，結果發現猴子在吃霜淇淋時，大腦裡同一部分神經元也會活躍起來。

　　換句話說，無論猴子是自己在吃霜淇淋，還是看見別人吃霜淇淋時，這部分神經元一樣會活躍起來，而這不侷限於吃霜淇淋這個動作。科學家檢驗了其他諸如伸手捉著皮球、投擲物品等動作，都有相同反應。

　　這個發現令科學家大吃一驚，因為他們相信自己已經找到了「模仿」的神經元證據，他們將這種神經元稱為「鏡像神經元」，或者「鏡像系統」。它就像一面鏡子，能將從別人身上觀察到的線索與自己相對應，讓我們能在腦中感知一遍別人的

動作。

　　除了鏡像系統之外，我們的大腦裡還有一個心智化系統，位於大腦的背內側前額葉皮層和顳頂聯合區。❹

　　鏡像系統和心智化系統的差別在於：前者負責反映身體動作，後者則更傾向於反映他人的心理動機和目的。

　　舉個例子，你就能搞懂鏡像神經元和心智化系統的差別。例如：當你看到阿裡在寫信時，鏡像系統會對阿裡提筆劃來劃去的動作做出反應，但鏡像系統不能辨識出這個動作的目的是什麼。

　　而心智化系統則會從提筆劃來劃去這個動作感知，推導出「阿裡正在寫信給某個人」，也就是這動作行為背後的動機。

　　你會發現，演員要演出一個悲情角色時，他需要運用想像力在腦海裡播放悲傷的情節（通常會是他們自己的回憶）。接著，無論是他腦中的鏡像系統、心智化系統還是促發效應，都會開始發揮作用，改變他原本的心理狀態，讓他的感受更接近

---

4. 背內側前額葉（dorsomedial prefrontal cortex）；顳頂聯合區（temporoparietal junction）。

這個角色，甚至能感覺到這個人物的思考角度和情緒。

　　而這意味著，演出不單只能讓你從好的角色上學習到好東西，也能讓你從邪惡的角色上學習到惡的東西——演出是有潛在危險的。

演出的危險

當我說危險，我不是在說你演出成龍，去挑戰高難度特技的那種危險，我在說的是「入戲太深」的危險。

什麼是入戲太深呢？

職業演員在演戲之前，通常都會用一段時間來為入戲做準備，或者說是在「培養情緒」和「進入角色」。

這個「進入角色」的過程，就是透過不斷的心理暗示和想像，將劇情和角色最大真實化，告訴自己這一切都是真的，達到自身情緒、性格、觀念和思維方式都與演出角色相符。然而，如果心理暗示與想像太過強烈，並且持續太久，可能就會被該角色的特質影響了自己的價值觀。例如，演出像《黑暗騎士》裡的小丑這種黑暗角色，演出者可能會出現錯誤的念頭、性格變得陰暗，甚至可能還會產生心理問題。

那怎麼辦呢？

其實也不必太過緊張，適當的投入角色是絕對不會產生危險的，否則所有的演員早都成了瘋子了。

演出像是一把雙面刃，可以用來捍衛自己，也可能會砍傷

自己。演出就像火一樣，能大幅提升生活水準，但也同樣能對
人造成傷害，這能力無疑帶有一些危險性，但你的生活不能沒
有它。

　　事實上，只要你能善用這個心理機制，讓自己有意識地、
刻意地演出不同的良好角色，它就能為你的思維帶來非常好的
成長效果。

演出吸收

首先，你演出的人需要有一定成熟的心智，尤其在選角色這一環，必須相當謹慎。你最好避開電影裡的角色，就算他們是英雄或者正義的主角。

為什麼我會這麼說呢？因為這類角色都經過編劇的設計，而編劇設計的目的就是要煽動觀眾的喜怒哀樂——劇情要有高潮，就必須有低潮，而正面角色通常都必須穿越這些低潮來推進劇情。

這意味著，就算是正面的虛構角色，也會為了劇情需要而做出一些與現實不符的錯誤，或者說「不應該犯下的愚蠢錯誤」，這可能會對我們產生一種認知偏誤——「我必須經歷失敗，才能成功」。但實際上，有些失敗是不可以經歷的。在極端的情況之下，一次失敗造成的傷害，有時候可能一輩子都恢復不了。

當然，一般的失敗都是很好的磨練，我不是叫你去害怕失敗、恐懼失敗。透過多次失敗而獲得成功的人大有人在，俗話也說「失敗乃成功之母」，只是你不必認定沒經歷過失敗就不

可能成功。以奧坎剃刀法則 ❺ 的 「若無必要，勿增實體」來說，失敗更不是必須，只是其中一個管道而已。

　　選擇演出的角色，當以優秀而心智健康的人物為首選，我並不是說一定要道德崇高的人物，但必須是心智思想健康的人物。譬如你從事領域裡面的佼佼者們，最好就是名人和偉人，因為他們有傳記的機率較大，瞭解這些人物的特點也相對容易許多，你演出時也就可以有更深入的感悟。

　　那麼，要如何演出一個角色呢？

---

5. 由 14 世紀方濟會修士奧坎的威廉（William of Occam）提出的邏輯學法則，指的是如果同一個問題有許多理論，每一種都能做出同樣準確的預言，則應該挑選其中使用假定最少的。

巨人的批判

我在寫作時有個習慣，就是在遇到困境的時候，我會離開桌子去泡杯茶；當我回到桌前時，我已經開始演出某個相關領域的大師級人物，並從他的思考角度去觀察自己的文章，從中獲得另一個不同的角度。

這對我的寫作有莫大的幫助。我從而想到一些以前沒想過的點子，有時我會從中得到一些精準的批判；而且神奇的是，我並不需要非常瞭解我所演出的那個角色，我只需要閱讀過他的作品，或者瞭解過他的一些說話方式，就可以很自然地用一個嶄新的角度對自己的作品進行批判。

這種現象非常有趣。從心理學的層面來看，演出自然而然地激發了我潛意識裡的記憶庫，讓我得以自然地抖出對大師的印象與知識。某種程度上而言，我正是在以大師的角度進行思考。

這不是「站在巨人的肩膀」上看世界，而是「成為巨人觀察世界的眼睛」。

　　當你要做決策時，你可以嘗試演出相關人物，並以他們的角度來思考。例如，你正在為你新創公司的產品煩惱，你或許就可以演出賈伯斯，從他的角度去想產品應該減少什麼、注重什麼，這能夠有效地啟發你對自己產品的思考。

　　而當你能以賈伯斯的角度思考各種不同的問題，這個角色會在你的印象中變得愈來愈鮮明，他會慢慢入住你的「角色庫」裡，並在你需要他的時候給予支援。

　　換句話說，當你演出某個角色的「熟練度」到達一定程後，以該角色的方式思考會成為你再自然不過的習慣。

　　那感覺就好像你小時候做錯事時，你爸媽生氣的反應會自動地浮現在你腦海裡，提醒你即將會遭遇什麼後果；又好像當你在網路上看到某個很好笑的貼文時，你理所當然知道你的好友如果看到，會有什麼反應，儘管他並不在你身旁——因為他已經被儲存在你的「角色庫」裡了。

　　那麼，什麼是角色庫呢？

塑造角色與身分

　　俄國著名戲劇與表演理論家史坦尼斯拉夫斯基（Konstantin Sergeyevich Stanislavski）在《演員的自我修養》一書內的第一章中，描述了主角柯斯托亞某次在臺上排練時的情景：

　　「我知道眼前我必須投入在這個環境裡，但此時臺上很熱鬧，工作人員在擺放道具，而我需要在安靜的地方才能進入我的角色，在這裡我不可能辦到。觀眾席的黑暗如黑洞般凝視著我，讓我感覺無比的壓力。」

　　「儘管我知道我必須不讓這些喧鬧與黑暗奪走我的注意力，但越是這麼想我就越容易注意它。」

　　「這時候恰好有一位工作人員打我身邊經過，不小心掉了一袋子洋釘，我馬上幫忙撿起來。撿的時候，我有一種愉快的感覺，讓我覺得我可以在臺上很隨便的活動，可是一旦釘子撿完了，我又重新回到這廣闊的壓迫感。」

當柯斯托亞嘗試進入角色時，他辦不到，他被深藏在心裡的「我不行」角色所佔有了。直到那位工作人員出現，掉了一袋釘子，柯斯托亞就立刻從負面角色中脫離出來，成為一個「好心人」的角色，這一刻讓他感受到在臺上的自由和喜悅。

這意味著，身分可以非常忽然地轉換，只要一將注意力放在別的身分，你的狀態就會隨之改變。

例如，你的另一半為什麼變臉變得很快？為什麼有些人人前人後會是兩個樣子？為什麼前一秒還很嚴肅的你，轉身遇到知己後就變得活潑風趣了起來？

人能在一瞬間轉換自己的角色身分，而身分是影響心理活動最核心的一部分。你的想法、策略、計劃、運用、效率，內心有些什麼、喜歡什麼、逃避什麼，一切都是為了供養這個身分的需求。

一個人只有一個身分，但這個身分並不是固定的，而是流動的。因為身分是由不同角色組合而成，一個人只有一個身分，卻可以有很多個角色。你和朋友在一起時是「朋友」的角色，回到公司裡是你「職位」的角色；在孩子的面前是「父親」的角色，在煮菜時又是「廚師」的角色。

　　你應對著什麼樣的人、事、物，角色就會有什麼樣的改變。

　　角色會在你的心裡自然「出現」和成長。舉個例子：你在街上看見一位陌生人，這時，你和他的角色都是陌生人。但如果他走上前來認識你，要加你臉書交個朋友，你接受後就會成為「朋友」的角色。如果你們決定去喝杯咖啡，那就會開始有一些朋友的互動，而不再是陌生人的互動。這些過程的發生，都是自然而然轉換的。

　　單單這個「朋友」的角色就有很多分類，如：「好朋友」、「不太熟的朋友」、「點頭之交」、「莫逆之交」等等。

　　每一個不同的角色都有各種不同的信念、價值觀和規條，這意味著你對不同的角色，會有不同的行為和態度。你是「莫逆之交」時會推心置腹，但你是「點頭之交」時可能就只說說表面話。

　　我們很容易被周圍的人、事、物影響自己的角色，所有的角色信念與守則都是下意識進行轉換的。你和朋友在街上恣意胡鬧時是壞孩子的角色；但接到媽媽電話的瞬間又變成了乖寶寶的角色；你一個人在車裡跟著音樂飆歌的時候成了歌手的角

色，但男友上車後你又變回了文靜的女友，這些都是我們內在深藏的各種不同的「角色」反應。

　　而有關這一切的資訊，就儲存在我們的角色庫裡。

思維的軍火庫

相對於「知識庫」來說，「角色庫」是儲存關於人物的資訊。前面提到的所有不同的角色，和關於他們的不同資訊，就是儲存在你的角色庫裡。

例如，你閱讀了一本科學書籍，得知「小丑魚可以轉換性別」這個資訊，你提升的是知識庫；而當你認識一個有趣的人，並逐漸更理解他的為人，你的角色庫就會變得豐富。

擁有豐富的知識庫代表一個人博學多才，有非常大的知識量，且思維的品質更高；擁有豐富的角色庫，則代表一個人的思考有潛能變得比一般人更全面，因為他能從更多不同的人物角度去看待事情，而且這類人通常很「愛演」。

當你去唱 KTV 時，留意那些能唱得非常投入（不一定要唱得好）的人，他們往往是在綜合表現上比別人更聰明的人。他們想到的主意，無論是好主意和鬼主意，都多過其他人。因為唱得投入的人通常都是比較擅於演出的人、愛演的人，他們無時無刻都在自由且自然地轉換不同角色。

要增加角色庫的方法很簡單，與學習知識、豐富知識庫的

方法一樣——善用熟能生巧的法則。

如果你能選擇某個良好的角色，並嘗試運用演員的「方法演技」在日常生活中花一段時間演出這個角色，角色就會慢慢在你的腦中成型，加入你的角色庫中，豐富你思考時的思維，並在你需要的時候跳出來幫忙。

有些人或許心中還有這麼一個疑問：「如果我有意識地改變自己的心智，長期演出一個不屬於我的角色，本來的『自我』會不會慢慢的被這個角色完全取代呢？就算這是很好的人物角色，我會不會因此失去『自我』呢？」

答案是：「不會。」

首先，固定的「自我」本來就並不存在，如我第二章所說，一個人的「自我」是隨著時間，在環境和選擇中塑造出來的。

「自我」總是在流動，總是在改變，你的「自我」會是什麼樣子，全由你做出的選擇來累積成形。

當你時常演出同一個角色，久而久之你的確會吸收到角色的一部分色彩；但這時你不過是為角色庫裡眾多的角色增添一個選擇，你會出現和該角色類似的舉動和行為，但絕對不會被角色所取代。

當我們演出時，我們只是暫時把要演出的「角色」放大，而原本的「角色」縮小，並不是就此消失。只要演出完畢或中斷，就會回到原來的角色。

小明很愛演出超人，事實上，所有的孩子都演技高超。在他的想像世界裡，他真的相信自己就是超人，在過程中你問他是誰，他也會百分百真心地回答你：「我是超人！」這時在他的心裡超人的角色被放大了，而孩子的角色則縮小了。

不一會兒小明媽媽生氣地出現了，大喊一聲：「小明！」小明被媽媽的霸氣震得大驚失色，臉色大變，孩子的角色因需要而喚醒，而超人的角色早就蕩然無存，變回不折不扣的小明。

嘗試去演出吧！最基礎的演出方式，就是把自己想像成那個角色，把自己當作是他就行。更簡單的方法是，在腦海中想像他會怎麼處理你眼前的情況，例如，想像他會怎麼在臺上演講你的主題。

把各種傑出的人吸收，從他們身上得到不同的色彩，畫在自己的作品上吧。

　　等等！別急著馬上進入角色，從剛才開始你心裡面可能已經想著：「我現在就要『演出』香港首富李嘉誠，成為首富！」

　　不，先等等。為了不讓任何人誤解我所說的「演出」的用意，我還有一些事情需要重申，還有一件事請要告訴你：「別成為李嘉誠。」

如何不成為李嘉誠

富有的李嘉誠總是受到人們景仰，不少成功學以他的名字來炒作，以他的經歷來勵志，以他的思維來授課。

所以這裡，我們反其道而行，說說怎麼不成為李嘉誠。

李嘉誠不好嗎？他無論哪一方面都很好啊，有錢有智慧有地位。對，但你我都知道的事實是——沒有一個人可以成為李嘉誠。

首先，演出絕對不是複製。

我們都知道李嘉誠是先開塑膠廠，然後投資房地產起家。如果你照著做，會變身成為李嘉誠嗎？不會。因為你依然是你，李嘉誠依然是李嘉誠，他的那套方法不可能完全適合你，也不可能完全適合任何一個人；就算你回道他那個時代，代替他去開塑膠廠、去投資房地產，你依然成為不了李嘉誠。

再者，**一切演出都是假的，演出的最終目的，是為了增加思考的多樣性。**

你演出不是為了成為其他的人。你可以學習他們、可以暫時假想你是他們，你甚至可以把成為他們當作目標，但你只可

能成為你「自己」，那個不停進化和成長的自己。

　　你可以借助演出的力量提升自己，但最終，你只能建造出「自己」的思維。

第 8 章

如何建造思維

The best thinking in the world is to build your own thinking.

如何建造思維模式

當我說「建造思維模式」時，千萬別以為這是什麼複雜的東西，雖然人的思維模式可以千奇百態，但建造思維的方式卻只有一種。

一個人的思維方式可以非常複雜，但每個人創造思維的方式，就像人類的身體機制一樣是共通的——這就好像醫生不必打開每個人的身體來研究，他只須打開其中一個人的身體，發現心臟的跳動能讓血液流動，就能知道所有人心臟的跳動都能讓血液流動。

只要你知道了人類建造思維的方式，理論上你就能以此建造出千奇百態的思維。

那麼，人是透過什麼建造出思維的呢？

人類智力的大躍進

《第三種猩猩》（The Third Chimpanzee）的作者，美國著名的演化生物學家賈德·戴蒙（Jared Diamond）在他的著作中說過：「我們是怎樣成為獨一無二的物種的？語言是關鍵。」

他表示，人類不是因為腦容量增加，頭腦變得夠大，就立刻從石器時代「大躍進」到可以創造工具和藝術的歷史階段（雖然腦容量大小的確有其相關性）。

更有可能的說法是：在語言的誕生之後，才發生了「大躍進」——當人類能夠互相學習、交流，可以更完整獲取流傳下來的知識、經驗時，才開始出現愈來愈高級的文明。

另外，神經科學家發現，人類大腦裡的新皮質（Neocortex）所占的比例，遠比其他動物高出許多，足足佔據了人類腦容量的三分之二。這個特徵幾乎是人類獨有，其他動物雖然也有新皮質，但相對來說卻很少。

什麼是新皮質呢？

新皮質僅在哺乳動物的大腦中發現，位在腦半球頂層，大

約 2 至 4 公釐厚，分為六層，為大腦皮質的一部分。

　　愈高等的哺乳動物，往往擁有愈高比例的新皮質；愈低等的動物則相反，因為新皮質與一些高等功能，如：知覺、空間推理、意識、人類語言有關。

　　新皮質也被神經科學家稱為「高級腦」或「理性腦」，與人類的智力進化息息相關，而在新皮質眾多的智力功能之中，科學家認為「語言」這個功能最為特殊。因為在眾多物種之中，只有人類擁有語言的功能，這個現象難免讓人懷疑語言是否為人類之所以如此特出的原因。

　　但無論你是不是科學家，我想每個人都能瞭解語言的重要性，也可以認同語言和智力水準是正相關的。許多人第一個想到語言所能帶來的好處，就是讓知識和經驗得以傳承；不過卻沒有多少人知道，**語言也是讓人類能思考得更好的關鍵：**

　　原始人阿裡在森林裡走著走著，看見了一株新奇的植物。它長著圓圓的頂，質感柔軟，生長在樹根上，看起來很好吃的樣子。假設阿裡已經學會了語言，他會把這東西標籤上「蘑菇」這個詞彙。

　　阿裡摘了一些蘑菇，在附近生起一堆火，用樹枝把蘑菇串

起來，放在火上燒烤。味道很香，引來了在附近徘徊的同族木都，木都表示他很餓很想吃，阿裡也就慷慨請他一起品嘗，並告訴木都這個東西叫做「蘑菇」。

烤完後，阿裡迫不及待的咬上一口蘑菇，味道從嘴巴裡溢出，相當美味。阿裡為了向木都表達這個感覺，他擠眉弄眼、比手畫腳地嘗試表達，口中還吐出了另一個詞：「蘑菇好吃。」

原始人當然不是這樣發明語言的。但從這個思想實驗中，你可以推斷出原始人會從最小單位的「詞彙」，先是命名蘑菇，然後命名香菇，然後命名各種不同的人、事、物，詞彙最終逐漸累積成一個種族的「語言」。

你可以把「詞彙」看作一個資訊的容器，我們會將「標籤」和「經驗」放進這個容器裡，讓大家往裡面一看就會理解：「哦，這個我知道。」

如果阿裡之後品嘗到各種不同的蘑菇，他將得到更多不同的經驗，他可以告訴木都：「蘑菇還有好吃的、不好吃的、鹹的、甜的、快樂迷幻的……」

然後為了分類這些蘑菇，阿裡又會給予不同蘑菇不同的標

籤：「這是迷幻菇、那是毒菇、鹹菇、甜菇……」

蘑菇這個詞彙，會隨著經驗與標籤種類增加而愈來愈豐富，並流傳下來，成為我們所謂的「知識」。

這為我們帶出了一個很簡單的方程式：

$$豐富的詞彙（語言）＝豐富的標籤＋經驗＋知識$$

詞彙是資訊的容器，裝載了「標籤」、「經驗」和「知識」裝載，讓資訊不會像水一般流失掉，因此你才能表達資訊，甚至是加工資訊之間的連結，例如將「蘑菇」和「好吃」相互連結，這不但便於記憶，也讓思考更方便。

因此，要衡量一個人的詞彙量是否豐富，有兩種不同維度的標準：

第一個是「詞彙的數量」，即你所知道的「標籤」的數量。 例如，你知道蘑菇、香菇、迷幻菇這些名詞，也知道快樂、悲傷、疑惑這些形容詞；但就算你知道這些詞是指什麼，卻並不代表你對它們有深入的瞭解。

因此，我們需要從另一個維度去衡量詞彙，**也就是「詞彙的品質」：關於某詞彙的知識、經驗和意義。** 例如，蘑菇會生

長在哪裡？蘑菇的味道是什麼？蘑菇對你來說有什麼意義？這些都是隱藏在「蘑菇」這個名詞背後的訊息。又例如你知道人為什麼會產生快樂的情緒嗎？人悲傷的時候為什麼會哭？我相信你絕對理解什麼是快樂和悲傷，但相對於研究情緒的心理學家而言，心理學家對該詞彙的理解無疑更加深入（也就是更有品質的意思）。

這裡往後，當我提到「豐富的詞彙」時，指的便是這兩個維度的相加。

接著我們來看看，當一個人擁有相對「豐富的詞彙」時，他的思考能力可以有多強？

福爾摩斯為什麼強大？

　　大部分人對思考的有一個極大的誤解，就是以為擅於思考的人，就是懂得運用許多邏輯思維、演繹歸納等技巧的人；但其實不然。

　　這聽起來雖然有違直覺，但卻是個被忽略的事實。

　　我們假設一個人擁有非常嚴謹的邏輯思維，也擁有良好的批判性思維習慣，那他應當就非常聰明嗎？不，如果他沒有豐富的詞彙，那即使擁有再高的智商和邏輯思維也沒有用。舉個例子：

　　今天你去商店買筆電，但你對筆電的市價、配備、型號、品牌、功能全都一竅不通，這時銷售員根據你的預算選了一臺適合你的筆電。

　　你隱約覺察到銷售員的不誠實，但由於你不知道自己到底真的需要什麼配備，無論怎麼思考都沒有相應的知識與詞彙來描述自己要什麼，也沒有相應的資訊去辨別銷售員推薦的真偽。因此你唯一的選擇只有相信銷售員的建議了，這總比你隨

機選擇要好。

　　我再舉另一個例子：

　　如果我對牡丹花非常瞭解、熟悉，當一個外行人在我面前唬弄我，告訴我牡丹花的特徵就是總會朝向太陽時，我還需要思考如何批判他說的話嗎？我還需要思考他的話是否符合邏輯嗎？

　　不需要，因為我本身就具備牡丹花這個詞彙足夠的知識了。

　　有看過福爾摩斯小說和電影的讀者們，一定都知道福爾摩斯的推理能力很強，但你是否知道福爾摩斯的推理能力從何而來？

　　所有福爾摩斯的聰明推理，除了來自他擅長使用的演繹法（一種推理方式）之外，最關鍵的原因其實是基於福爾摩斯充足而深入的知識儲備。

舉個例子，在英國電視劇《新世紀福爾摩斯》❶ 裡，有一段福爾摩斯根據一頂帽子進行精彩推理的情節：

> 「這帽子被修補過五次，每個針腳都很齊，說明他找了一位很有水準的師傅；而這樣的修補費一定超過了帽子本身的價格，說明了他非常迷戀這個帽子。但其實不止如此，如果只有一兩次補丁，只能說明他是多愁善感的人，但五次？那足以證明他有強迫症。」

從以上這個推理，你摸索到什麼了嗎？裡面不只包括了演繹法這個思維工具，還包括了深厚的知識、經驗和見解，其中就有帽子的價格與修補的費用、心理學的見解甚至是裁縫的技巧。

說到底，無論福爾摩斯可以將演繹法用得多麼純熟，如果他不熟悉心理學，也不知道任何裁縫與帽子的價格，就不可能做出以上的推理，。

---

1. 又譯《神探夏洛克》。

　　當然，我不是想說思維技巧沒有用處，思維技巧當然能幫助一個人思考得更好，只是要真的運用邏輯、批判、演繹推理這些思維工具，讓它們發揮作用，前提就是需要有足夠豐富的詞彙，否則全都只會是紙上談兵（反過來其實也一樣，有充足知識但缺乏思維技巧的人，也一樣無法有良好的思考。）

　　如果建立思維模式就像建造一棟房子，詞彙就是人類建立思維模式最主要的材料。

　　在建立思維模式的過程中，你不可能尚未建立第一層的基礎就忽然抵達第十層，那只會淪為空中樓閣的幻想。例如，如果你從沒學過醫學，那就算讓你看最高級的醫學論文也沒用，因為你看不懂他們用的術語，也無法對照他們的經驗。

　　即使是人類的文明，也是隨著詞彙質與量的增加，才一步步地發展起來。如果反過來說，文明的進步也影響了詞彙的增加，其實也無誤。

　　那怎樣才能讓自己的詞彙更加豐富呢？

　　我有一個獨特的方法，我稱之為「詞彙解碼」。

當我談世界時，我在談什麼？

你曾經試過與你語言不通的人溝通嗎？

你竭盡所能地比手畫腳，擠出自己所懂的話，但對方還是搞不清楚你到底要說什麼。但你並不是毫無收穫，你領悟到了雞同鴨講的滋味。而很多人沒注意到的一點是：這種雞同鴨講的情況，其實無時無刻都發生在我們的生活中，儘管我們用的是同一種語言。

嘗試問你身邊的人，你瞭解「智慧」的意思嗎？怎麼定義「聰明」？「知識」是什麼？「見識」又是什麼？

我敢肯定，如果你問別人這些問題，大部分的人都會一時語塞、會嘗試解釋，因為這些詞彙感覺上基本到不行；可偏偏就是這麼基本的問題，會讓人們答得含含糊糊，不知所云，例如下面這樣：

「智慧就是老者才有的東西、聰明就是成績很好智商很高、知識就是工作要用的工具、見識就是看過世面。」

這些定義做為一般生活的溝通用語已經算是足夠，但實在說不上是深刻的定義。

　　但這不能怪誰，因為詞彙本身難免是抽象的，舉個例子：

　　現在我告訴你我有一隻牛，你知道了我有一隻牛。但我所說的「牛」只是一個抽象的概念，你不知道這牛是乳牛還是公牛，是大牛還是小牛，是本土牛還是外國牛，是剛出生還是已經 5 歲，性格是溫和或者是貪吃。

　　而在通常的情況下，我不會鉅細靡遺地告訴你：「我有一頭紐西蘭進口的、貪吃又溫柔的五歲大乳牛。」

　　這就是我們每一天所面對的情況。我們以為自己知道自己在說什麼、我們以為對方瞭解我們說什麼，但其實我們不是真的懂，因為我們對同一個詞彙有各自不同的定義。

　　又例如，當你和朋友談到「世界」一詞時，你會自動自發地想到自己所認知的「世界」，你想起的僅僅是你自己認識的「世界」，你會以為對方所說的和你想的一樣；但事實上，對方所說的「世界」可能與你有著很大的差異。

　　當物理學家談到「世界」時，他說的是由物質、反物質和暗物質組成的宇宙；當神學家談到「世界」時，他說的是神明所開創的大地、天空、宇宙、宇宙之外；當哲學家談到「世

界」時，他會告訴你一切感知中的世界，都是我們的感官在空間中創造出來的，由於我們的感官限制，我們其實看不見真實世界的真正樣貌。

每一個人對「世界」的定義都不一樣，但每個人都以為自己瞭解他人所說的「世界」是什麼。

現在，不妨拿出紙和筆，嘗試將自己對「世界」的觀點寫下來。你或許會寫得很多，也可能寫得很少，但你一定會在這過程中思考更多、發現不同的感想，甚至能因此更瞭解自己。

而當你在寫著、思考著某個詞彙的含義時，你就是在進行「詞彙解碼」——這種讓自身詞彙更加豐富的方法。

一個詞彙當然可以用簡單抽象的方法來解釋，例如自信的解釋可以簡化為「自信就是相信自己」、「自信就是有能力的表現」，事實上大部分人正是這麼解釋的，大部分人對特定詞彙的認識都只停留在表層。

但詞彙也可以非常深入且具體，你可以基於不同的情境、不同的條件，而有不同的解釋。我們可以從腦神經學的角度解釋自信是如何產生？心理學對自信的解釋是什麼？從經濟學來看，人民的自信程度會對國家造成什麼影響？不同文化對自信是否會有不同的看法？不同的職業是否有不同的自信標準？

　　當然，有些人會不服氣地說，對詞彙的含義只有簡單抽象的認識，根本無傷大雅吧？讓我們接著看下去。

詞彙的品質，就是思考的品質

我們再來做個思想實驗，想像你自己變成了一個不懂得任何語言的原始人，但你還是可以思考；只是你思考時不能有自我對話，或出現任何語言形式的表達。

現在，你看看前面你右手邊有什麼東西？這東西是用什麼材料製造？是怎麼被製造出來的？

先別往下讀，體會一下不用語言去思考的感覺。

怎麼樣？是不是很難？腦袋一直嘗試發出聲音吧？

如前所述，當你正在思考時，你很難不展開內心的自我對話。當你閱讀時，你會把看見的每個字都讀出來；當你嘗試解釋一個物體的材料時，你會把材料的名字說出來。

我們的日常思考離不開語言，也離不開對詞彙的運用，而我們認識這個世界的方式，就是利用詞彙來逐一標籤不同的事物。

這意味著，我們對詞彙的認知是什麼，我們對世界的認知就是什麼。**如果你對詞彙的理解是淺顯的，那你對世界的理解就是淺顯的。**

　　而若你對詞彙的理解過於淺顯，最明顯的一個症狀就是你的思考品質會低落：

　　阿裡是個保險推銷員，他比其他同行更勤勞，但業績卻差強人意，因為他有一個致命傷——他說話總是一板一眼，讓人感覺木納、缺少人情味，而這非常不利於他的推銷成功率。

　　儘管阿裡的業績總是達不了標，但阿裡的主管木都看他是個勤勞的人，所以願意一再給他機會。他覺得只要再給他一點時間磨練一下，他或許就會成為一個出色的推銷能手。

　　有天，木都決定把阿裡叫來辦公室輔導輔導，他開口說道：

　　「阿裡，你說話太一板一眼了，這會讓人感覺你這個人不懂得婉轉，客戶會覺得你很難相處啊。你嘗試說話親切溫柔一些，畢竟賣保險其實就是賣服務，必須要讓客戶感覺良好啊！」當阿裡正想為自己辯護時，木都又繼續苦口婆心地說道：「總之一定要有親切感！」

　　於是，阿裡牢牢記著親切感這個詞，嘗試讓自己散發出這個特點。當他面對客戶的時候，他會先寒暄問好，奉上準備好的禮物，給予顧客最真誠的微笑，儘量把話說得婉轉，不再直

白地說出「要是你死了你家人會很可憐，你要負責任」這種話，並擔保答應顧客的要求必定做到，全程溫情十足地詢問顧客的要求。

最後，阿裡還是一樣無法達成業績。過度的親切感讓人感覺到無形中壓力而反感，顧客反而被他的過度熱情嚇跑了。阿裡的業績不升反降，回到公司還被木都數落了一番。

阿裡痛定思痛，他決定鑽研推銷技巧，讓自己的性格更加圓滑。他報名課程，廣交同業好友，並彼此交換讀書心得、互相學習。

在這個過程中，阿裡才發現了「親切感」的真諦：幾時該放、幾時該收，什麼情況下能顯露親切，什麼情況下需要保持距離。他學習了產生親切感背後的心理機制，並學會利用適當的肢體語言和語氣讓人感覺親切，而無須表現得像個過度熱情的親戚。

他也瞭解到親切感不是一味地熱情奉承，適度的展露出應有的原則，才會讓人感覺可靠。

而這一切，都是在他深入思考學習「親切感」這個詞彙的含義後，才得到的領悟。

　　當你的好友給你人生的建議，或你的同事給你工作上的建議，告訴你「要更有自信」、「要更大方一點」、「要學會配合」時，你千萬別立刻把這些建議搬到自己身上，因為你對這些詞彙的概念，很可能只有模糊的印象而已。

　　這樣模糊的印象其實不利於你。正如阿裡的故事一樣，如果不知道怎麼樣的親切感才適當，你就沒辦法運用得宜。同理，如果你不知道怎麼樣的自信才不算是自大，怎麼樣的配合才不會沒了自我，你就很容易在實行中適得其反。

　　那怎樣才能確保我們對詞彙有清晰的瞭解？

　　首先，你要先學會問問題。

是什麼決定你的思考方向？

一個沒有問題的世界，不是人類的世界。

植物的世界就沒有問題，植物不會問為什麼今天沒下雨，也不會問為什麼那些咬我的蟲子今天沒有來？

相反地，人總是有許多問題要問，這種本能已經刻在我們的基因密碼裡——問問題是我們的本能，回答問題是我們的欲望。

當你發現了一個沒有解答的問題，你會去思考、你會想知道答案。當你朋友丟了個問題給你，但不給你答案時，你會心癢無比。

每個人問的問題都不一樣，不一樣的問題則會引導將思考引導到不一樣的地方。即使是同一件事情，如果你問自己兩個不同的問題，例如「要怎麼完成？」與「萬一失敗了呢？」——會導致你往兩個完全不一樣的地方思考，前者思考如何完成，後者思考如何避免或逃避失敗。

如果我問你問題 A，你就要回答關於問題 A 的答案，並做出解釋；如果我問你問題 B，你就要回答關於問題 B 的答案，

並做出解釋。

總而言之，問題主宰了你的思考方向。

你問什麼問題，你的思考就會聚焦在什麼地方；如果你解釋時聚焦在壞的層面，就只會解釋出壞的意義，反之亦然。

一位父親正在客廳坐著看電視，還在讀小學的兒子剛放學回來，高興地往母親那裡跑去，但父親攔住兒子問：「今天怎麼樣？考試有不會的嗎？」

兒子的笑容忽然消失，垂頭喪氣地說他有兩題不會。父親也沒多說什麼，轉頭繼續看電視，並吩咐他去沖個澡。這時母親從廚房走了出來，兒子見到母親時，笑容忽然又回來了。母親蹲了下來，雙手搭在兒子的肩膀上問：「今天考試有多少題你有信心答對啊？」兒子帶著些許自豪地回答：「總共有五十題，我答對了四十八題呢！」

「很棒，你很厲害了！下次朝四十九題邁進喔！然後再下下次就可以全對囉！」說罷，母親摸了摸兒子的頭，回到廚房準備晚餐去，兒子則一邊跳一邊哼著歌，開心地去沖澡。

其實故事中的父親和母親都非常關心他們兒子的成績，同

樣的關心卻造成不同的反應，原因就在於問問題的方式不一樣。

　　當父親問兒子「考試有不會的嗎？」這個問題把兒子導向自己沒做好的地方，思考聚焦在自己的過失，而忽略了自己傑出的地方，讓一個快樂的孩子垂頭喪氣、喪失了自信。

　　這就好像你在吃一碗美味的拉麵，卻不小心把兩塊肉掉到了地上，於是耿耿於懷，一味怪罪自己的過失，導致剩下的整碗麵都變得食之無味。

　　而母親則問了另一個導向的問題：「今天有多少題你有信心答對啊？」這個問題引導兒子去注意自己的優秀之處，一下子又讓他恢復原來的自信，快樂起來。

　　這就好像當你吃一碗美味的拉麵，不小心掉了兩塊肉在地上，但你心想沒關係，我還有一整碗麵，於是你專注在享受剩下的部分，吃得津津有味。

　　同理，問問題的人不但會影響別人，其實也會影響自己。做個實驗吧，對著鏡子問自己：「今天怎麼無精打采呢？」思考一下，留意自己內在的變化，感受一下裡面的轉換。然後再問自己：「今天我要怎麼充實自己呢？」然後留意自己內在的變化，感受一下裡面的轉換。前後差異會相當強烈。（可以的

話，現在就找個鏡子試試看吧。）

　　問問題就像是思考的方向盤，你問什麼問題，你的思緒就會轉到什麼方向。

　　一個好的問題能引發你思考得更遠、更深；很多個好問題能給你帶來超越一般人的洞見。

天才都是「有問題」的人

　　庸人和天才在同一家公司上班。他們是同學，兩人年齡相同、同個科系，畢業於同一所大學。

　　儘管兩人擁有諸多共同的外在條件，但思考方式還是相差許多。公司的行銷主管是一位資深前輩，在行銷、人事、產品研發等各部門都擁有一定的話語權；而且他不只有經驗，更擁有強悍而全面的能力。

　　庸人和天才同屬這位前輩主管的部門底下，一起學習與工作，兩人都十分努力。一年過後，庸人加了薪，不多，是公司給予的例行性漲幅；天才則加了兩次薪，而且還升了職，建立了新的行銷系統，成為公司裡的新星。

　　為什麼？

　　一開始庸人和天才分別被委派到不同區域當業務，但兩人都要在一個月之內達到同等的業績目標。剛開始時兩人什麼都不會，需要主管前輩的教導；但畢竟主管是個大忙人，並沒有太多時間一一教導他們。因此，他採取了最簡單有效的方式去教導——給一個大方向，讓他們自己去實踐、嘗試，並在他

們可能犯錯之前給予糾正、引領，然後告訴他們解決問題的辦法。

剛開始庸人和天才都有些慌張，畢竟他們初來乍到，什麼都不會，兩人都絞盡腦汁想達成業績，並在遭遇問題時向主管彙報、討教。

當庸人向主管討教時，主管會直接告知解決方法及具體的銷售細節，庸人也都一一照做。久而久之，庸人學會了所有問題的應對方法，也比較少需要向主管討教了。

而當天才向主管討教時，主管也一樣只是直接告知他解決方法和具體銷售細節，天才也都一一照做，但他還比庸才多做一件事：問問題。

天才對所有主管教導的東西都會產生疑問。這並不是因為他懷疑主管的方法有誤，也不是因為不信任主管，而是因為天才知道，方法背後隱藏著種種資訊。

天才會思考，運用這個方法的目的是什麼？為什麼是這個方法，而不是那個方法？這個方法還可以怎麼運用？運用這個方法還能達到什麼目的？要怎麼做，才能達到比這個方法更好的效果？還有沒有其他方法比這個更有效，或是更省時間？從主管的角度來看，這方法能為他帶來什麼好處？能為我帶來什

麼好處？

　　主管說的堅持是什麼？堅持需要的是什麼？在什麼情況下要放棄堅持？在什麼情況下堅持會成了一種固執？

　　這些疑問在天才的心底形成一段段的思考，他或許不會立刻想到答案，但他因此有了許多進步的空間。當庸人只是學到了一個解決問題的方法時，天才能在同一個方法上學到十種不同的資訊。

　　長久下來，天才和庸人的實力差距愈來愈大。

　　天才都做了些什麼，才會讓人們感覺他的能力是與生俱來的？為什麼傑出的人能夠自然而然地想到那些別人怎麼想也想不到的東西呢？

　　因為他們總是在問不同的問題，總是在思考不同的意義。

　　如果你發現自己總是「沒有問題」，那你應該要當心了，因為這通常代表你可能停止進步很久了。問問自己：你有多久沒有學習新事物了？有多久沒有進行複雜的思考活動了？

　　容許我直白一點地說：你是不是過得太舒適了呢？

　　如果是的話，沒關係，過得舒適並沒有錯；但如果你不甘於現狀，想提升自己的狀態，那你知道自己是時候開始發問

了。

　　但是，要怎麼問出一個好問題呢？有兩個要素：

　　第一個，是閱讀。閱讀是目前為止 CP 值最高、最方便也最快的成長方法，這顯而易見，在此就不做贅述。但比較少人知道的是：閱讀也是能引發你提出好問題的泉源。

　　想像有一個原始人住在山洞裡，他沒看過書，也不瞭解世界上的任何東西，他只知道要狩獵、繁殖，維持生存。

　　而我們有信心肯定，這位原始人提出「我要怎麼打造火箭、登上火星，然後建立火星殖民地呢？」這種問題的機率趨近為零，因為他不知道什麼是火箭，不知道何為火星，甚至不知道太空的存在。

　　人類能思考什麼，和他知道了什麼有關。

　　第二個，是寫作。通常一個人會想要寫作，是因為他想要解答心中的一個問題，或是很多個問題。但在他們回答這些問題的過程中，他們可能又會提出新的問題……有時會是許許多多新的問題。

　　從一個問題延伸出另一個問題，能帶領思考者想得更深、更遠。

　　簡單來說，只要你開始寫作，你就開始了思考；只要你持

續寫作，你就能持續思考。

　　而關於寫作，我的寫作方式和一般寫作方式稍有不同，我將這樣的寫作方式稱作「詞彙解碼」──即針對某個詞彙進行分析與重新定義。

　　這種寫作方式的目的在於：讓自己能更清楚瞭解特定詞彙的深度含義，以及它所延伸的可能性。

　　當然，我不是要你對所見的每個詞彙都進行「詞彙解碼」，那樣你會在變成智者前先變成瘋子。人的注意力有限，你要把注意力放在重要的事情上。因此，基本上你只需要針對兩種詞彙進行「詞彙解碼」：

　　第一種詞彙，是與你的事業與目標有關的關鍵詞彙，包括專業的術語。

　　第二種詞彙，是與你在意的事情有關的詞彙。例如，如果你覺得「堅持」很重要，那你就針對這個詞彙進行研究；如果你有興趣瞭解「投資」，那就針對這個詞彙展開思考。

　　我有次想了解「自由」這個詞彙的意義，於是便到網路書店搜尋「自由」這個關鍵字，然後把所有有助於我更加理解「自由」這個詞彙的書籍都買下來閱讀。

　　好了，那如何進行「詞彙解碼」呢？

只好隨性的「詞彙解碼」

「詞彙解碼」的寫作方式很簡單，只需要兩個步驟——首先，你要找到一個你感興趣的主題詞彙，最好是和你的工作、目標、興趣，或個人品質有關。然後拿出紙筆，用四種維度來對主題詞彙進行解碼。

假想你是個業務員，你看書時發現一個叫「共情銷售」的技巧，那你可能會想寫寫「共情銷售」是什麼。

若你的興趣是閱讀經濟學的書籍，那你可能會想要寫一篇自己對《蘋果橘子經濟學》❷的看法。

你覺得公司太過強調樂觀，而同事們的思考好像總是樂觀到有點不理性，你覺得有必要思考一下「樂觀」到底是什麼。

最後，你決定對「樂觀」進行詞彙解碼，拿出紙筆（或打開電腦）開始進行「解碼四維度」的寫作。

---

2. 簡中版譯為《魔鬼經濟學》。

　　第一個維度是「定義」：樂觀的定義是什麼？這是誰的定義？你自己的定義是什麼？樂觀的作用是什麼？壞處是什麼？

　　第二個維度是「論證」：是什麼證明了以上樂觀的定義？樂觀是否真的能帶來好處？有沒有關於樂觀的反例？為什麼樂觀一定要這個樣子？樂觀背後的科學是什麼？

　　第三個維度是「演化」：在不同情境下，擁有樂觀心理可能會產生什麼樣的結果？設想一個思想實驗，裡面的角色可以是自己或者虛構角色，例如「小明是個樂觀的銷售員，他在工作中會遇到什麼事情？會有什麼樣的反應？」

　　第四個維度是「評價」：綜合以上，你對樂觀的評價是什麼？你對樂觀這個詞彙是否產生了新的定義？你對樂觀的看法和一般人有什麼不一樣？

　　在以上的寫作過程中，你可以針對不同的維度給予不同長度的寫作。你可能會在論證時多點著墨，在定義這個維度少寫，這些都無所謂，重要的是你有確實經過每個維度的思考。簡而言之，長度不是重點（但精簡的寫作，意味著你能精簡地思考）。

　　但事實上，以上步驟並非重點。雖然我在寫作時會下意識

進行這四種維度的思考，但如果你剛開始接觸寫作就遵從以上的專業步驟，可能會在寫一次後因為過於複雜而放棄。

因此，你可以嘗試我一開始訓練自己的方式——隨性寫作，找到自己想解碼的詞彙，然後想到什麼就寫什麼。

這當然也不是告訴你「解碼四維度」只是用來說嘴，它們對不知道要寫什麼的人來說是很好的參考指引，但並非死板的守則。

如果可以的話，不妨嘗試用自己的方式進行詞彙解碼吧！你可以聯想不同的東西、給出不同的定義；你可以思考一些問題，或是單純抒發一些自己的感想。

你可能會寫得很好，也可能寫得很糟糕；但無論你寫得怎麼樣，最重要的都不是你寫了什麼，而是你一邊思考一邊寫的這個過程，可以為你帶來重大的進步——也就是為思維帶來進化。

思維是一種看不見的肌肉，你若能刻意地持續思考、加深思考的強度，思維就會漸漸變得發達。

寫作是加強思考的強大工具

　　你無法在開始的第一天就做出多深刻的思考，但只要你持續下去，你的思考會愈來愈有深度 (若能搭配廣泛的閱讀，就能讓效果加倍。)

　　最理想的情況是：每天以某個詞彙當作主題，寫一篇一千字左右的文章；在寫完的當天，想出另一個想寫的詞彙，隔天就以這個詞彙寫作，然後重複進行。

　　對許多人來說，可能會覺得寫作這個活動非常陌生，甚至會排斥寫作，或覺得自己無法寫作──寫作並不是一種輕鬆討喜的思考方式。

　　但這項大多數人感到麻煩的行為，卻是培養思考深度的捷徑。哪怕只是稍微寫一些，寫作都能讓你從中獲得比一般方式更有深度的思考。

　　為什麼寫作能幫助深度思考呢？

　　我的理由很簡單：工作記憶（working memory）是有限的，而寫作可以減少工作記憶的超載。簡單來說，工作記憶指的是你「大腦可以同時處理多少資訊」的指標，是你可以同時

加工（思考）多少個概念的容量。

　　換句話說，大腦可以同時處理的資訊有限，工作記憶是會超載的。當需要處理的資訊太多時，大腦會因為資訊超載而無法思考，也就是大腦「當機」。

　　我們幾乎無時不刻都在使用工作記憶，你也一定曾經有過工作記憶超載的經驗——要想起工作記憶超載的感覺很簡單，你只要試著用心算解出下面這道題目就行了：

$$84 \times 48 \times 748 \times 4 = ?$$

　　儘管你知道這個數學題不過是簡單的乘法，但你還是很難馬上給出答案（除非你擅於心算）。這主要是因為計算這道題目所需要加工的資訊量，已經超過了你工作記憶的容量。你的大腦無法同時處理那麼多的數字資訊，也就無法馬上得出答案。

　　而當你思考人生中那些深奧、深遠問題時，這些問題會需要你的大腦處理大量不同的資訊，這時你的工作記憶會超載，讓你想不出答案，或是想不出更好的答案。

　　不過，人雖然會因為進行簡單的數學心算就超載，但你也清楚知道，你只要能在紙上進行演算，就能輕而易舉地解開這

道題目。

　　為什麼在紙上做演算就會容易許多呢？

　　因為當你把資訊寫在紙上時，你可以把大部分資訊暫存在紙上，而不是全往工作記憶裡塞；而這能大幅減輕你工作記憶的負擔，思考也就能夠保持通暢。

　　寫作能讓思考變得更有深度，就是基於這個原因——人類的大腦無法同時處理過多的資訊，寫作能夠幫助你克服這個困難，讓你得以處理各種複雜的問題，進行更複雜深入的思考。

　　光是衝著這個原因，我們就幾乎可以斷定：一個人若想要進行更好的思考，寫作是最直接的捷徑。

　　寫作，是克服人類大腦短路的最佳手段。

一念天才，一念瘋子

我曾經在演說中發表過以下的內容：

「學習一門學問可以從方法說起，我們進入了一個行業，首先學習的就是『方法』。在大學和工作前期訓練期間，我們會學習怎麼完成一個報告、怎麼說服客戶、怎麼完成某個項目。在時間的累積下，我們會慢慢累積到足夠多樣的方法，這讓我們對應任何任務時，知道要用什麼方法去做。這時候，我們通過第一個關卡，上升到第二個層次——『工具』。」

我比出了右手的兩根手指，繼續說道：「來到工具層次，意味著我們已經可以靠這一項學問來安身立命了。你可以靈活地運用學會的方法，可以獨立面對你遇到的問題。同時，這也意味著我們只要待在第二層次裡，就已經足夠應對生存方面的問題了。」

「但你覺得這樣滿足嗎？」

我換了「三」的手勢，繼續說道：「每個人都可以抵達第三個層次，但這不像第一層上到第二層那樣容易，第三個層次

叫做『能人』。」

「當你突破了工具帶給你的限制與規條，當你能夠駕馭工具為你完成多種事情，當你甚至能自行創造工具時，你自然會成為人們眼中的能人。」

「那有沒有第四層次呢？」我比出「四」的手勢。

「有。」

「第四層次是天才和瘋子的境界。」

我們都聽說過天才和瘋子只有一線之隔，那要怎樣才能辨別誰是天才，誰是瘋子呢？

瘋子的想法總是超乎常人預料，而天才也一樣。例如，在十七世紀初，伽利略提出要測量光的速度，這個想法對當代人來說堪稱瘋狂。即使是在這個年代，我們也會好奇：「這世上為什麼會有人會想要去測量光的速度呢？要怎麼測量啊？」

當時的人第一次聽到伽利略要測量光的速度時，就開始嘲笑這位科學家，因為當時學界更認同笛卡兒的觀點，認為光速是無限的，所以連學者都可能認為伽利略瘋了。

但伽利略之所以會想到要去測量光速，並不是因為哪天他腦海裡「叮！」一聲就突然有了這樣的靈感，才心血來潮地要

去測量光速——而是因為他累積了無數學術上的努力，讓他在思考中看到了測量光速的可能性。例如，伽利略有過成功測量聲音速度的經驗，他曾經採用同樣的方法來測量光速，雖然結果不得要領。

想測量光的速度無疑足夠瘋狂，但這還不是最瘋狂的，關於光的話題，愛因斯坦有更瘋狂的見解。愛因斯坦認為，光會受到質量大的星球引力影響，軌道會呈曲線而非直線。當他提出這個理論時，連他自己都感到懷疑，但最後這理論被後代的天文學家所證實了。❸

愛因斯坦會提出這樣的假設，不是因為他是瘋子。他的理論完全出自他對萬有引力的深入思考，出自對光和物理學的種種瞭解，這讓他看見這個理論的可能性，並最終得到證實。

換句話說，所有超凡的見解，都是建立在有憑有據的知識與推理之上，而不是憑空而來。

你可能會說，那瘋子不也一樣嗎？瘋子也有瘋狂的舉動，

---

3. 根據廣義相對論，光在重力場中不沿直線傳播，而是會被大質量物體的重力場彎曲。1919 年，由英國天體物理學家亞瑟·愛丁頓帶領的考察隊，驗證了愛因斯坦的預測是正確的。後代科學家也藉助無線電天文學等高精度儀器，更加精確地證明了愛丁頓的結論。

也看到了一般人所看不到的可能性啊！瘋子看到了與石頭溝通的可能性、讓長凳變成船、把草原變大海的可能性……。

　　同樣是人們眼中的瘋狂行為，但天才所做的事情，是在知識鋪墊之下思考出來的；而瘋子則完全出於假像，憑空而來。

　　天才和瘋子的那一線之隔，就在於他們的論證過程是否可靠，他們的想法是否有根據、是否能夠實現。實現了，你就是天才；沒實現，你就是瘋子。

　　在中國古代，就真有這麼一名瘋子實現了他的想法，成為人們眼中的天才。

天才的思維模式

思想建構器的三個系統在個人的運用上，可謂各自獨當一面；但若你將思想建構器的三個系統整合起來，你就能獲得本書的「進化奧義」——一套思維進化的方法論。

是什麼讓偉人們的思維模式變得獨特而強大？天才們是如何建立獨到又有價值的思維模式？

我們不妨回到古代，從一位天才的身上探討這個問題。他正是寫下《孫子兵法》的作者，後世稱頌為「兵神」的孫武。

根據記載，在寫下《孫子兵法》的原型《兵書十三篇》時，孫武還住在與世無爭的郊外，平時以務農為樂，並且從來沒有領兵打仗的經驗——連一次都沒有。

如第六章〈孫武和他的兵法〉一節中所述，孫武並非對兵法一無所知，甚至可能熟讀兵法，因此孫武可以依據原有的兵法，延伸修改出一套新的兵法。

但在春秋時代，並不是沒有和孫武一樣熟讀兵法、擁有用兵天賦，而且還打過許多仗的將軍；唯一的解釋是，孫武的思維方式不同於一般人，這讓他得以在此種條件下完成一般人無

法完成的事情——更具體地說，孫武正是因為善用了思想建構器，才建構出了整個《孫子兵法》的思想。

　　思想嚴謹的你立刻反駁道：「你怎麼知道孫武當時是怎樣思考的？就算你提出了一套體系來解答這個問題，你又要怎麼驗證是否屬實呢？這不是已經死無對證了嗎？」

　　的確，我無法驗證孫武是如何思考才能寫出《孫子兵法》，沒有人能。但如同所有的考古學家一樣，我只能從已有的證據、知識，提出一個最合理的理論來解釋。它不一定對，但它是目前最合理的解釋。

　　現在，我們不妨一同推理一番。從孫武的「無領兵打仗經驗、熟讀兵法、有大量閒暇時間、擅於使用思想建構器」這四個條件出發，簡短地演繹一下孫武是如何以思想建構器裡的三個系統寫出《孫子兵法》，以及具體步驟如何：

1. 用圖像系統建構類比戰爭

　　首先，孫武身在與世無爭的郊外，這意味著他除了可以從別人口中得知戰情之外，其餘只能靠自己的想像。而事實上，

充足和大量的想像可以為他帶來許多啟發性的思考。例如，他可以想像吳國和楚國開戰時，在兵力懸殊和地理特性等情況下，吳國該怎麼戰勝楚國？又例如，吳國當時有哪些人才，他們可以在戰爭中發揮怎樣的作用？不同的策略，在不同的情況之下，能發揮怎樣的作用？

這些想像就像一場又一場的棋局，在孫武的腦海裡不斷進推演，只要他想到某個問題，就能立刻在想像中得到解答。

你可能會覺得，這樣的空想根本不會帶來什麼有價值的東西，但請不要忘記：孫武是熟讀兵法之人，他知道戰爭中會發生什麼事情，而且對整個行軍系統有一定瞭解，他絕對可以從已有的知識中，演繹出對事實的深刻洞察；正如你只要能想像出 1+1=2 的情景，就可以想像出 10+10=20 的情景。

這些想像就像是科學家常提出的思想實驗，每一次虛擬的想像戰爭雖不是事實，但卻能讓人受到深刻的啟發，加強思考的清晰度和深度。

2. 用易感系統建構人物心智

　　接著，他演出這一些虛擬戰爭中的人物，假想自己如果是將軍的話，該怎麼指揮士兵？如果自己是士兵的話，會對將軍的指令作何感想？如果自己是副將，該怎樣向上級諫言？如果要使計挑釁敵軍將領，該用什麼方式才能達到最好的效果？對方接受到挑釁時，會有何感想？

　　這些角色扮演將讓他得以從不同層級和角度出發，進行更全面的思考，因而產生更成熟的思想。例如，他可以扮演一個士兵的角色，從底層士兵的角度來看戰爭這回事。這可以讓他比那些習慣高高在上的將軍們，更瞭解如何鼓舞士兵，擺弄敵軍士氣。

3. 用詞義系統建構核心思想

　　孫武接著把這些透過想像中的虛擬戰爭和角色扮演獲得的心得，分成十三個部分寫了下來，包括〈始計篇〉、〈作戰篇〉、〈謀攻篇〉、〈軍形篇〉、〈兵勢篇〉、〈虛實篇〉、

〈軍爭篇〉、〈九變篇〉、〈行軍篇〉、〈地形篇〉、〈九地篇〉、〈火攻篇〉、〈用間篇〉，篇篇都是對該主題詞彙的深入思考與解釋，這也就是《孫子兵法》裡的十三篇兵法。

而前兩個系統的思考在此時發揮了作用。例如，在經過前面的角色扮演後，孫武對「士氣」這個詞彙有了新的認識，這豐富了他對士氣的理解，讓他得以寫出〈軍爭篇〉裡所提出的士氣要素：「善用兵者，避其銳氣，擊其惰歸，此治氣者也。以治待亂，以靜待譁，此治心者也。」

這裡值得一提的是，《孫子兵法》裡完全不描繪具體事件，內容總是懸在模稜兩可的哲學層次，這或許是因為他沒有作戰經驗而無意促成的特點。

孫武將自己的思想一段段地連貫成為一篇篇的兵法要訣，並寫成了一部兵書。在寫作過程中，孫武苦苦思索自己到底還遺漏了什麼？他發現自己的思想尚有缺陷，因此再次提出問題，回到第一步驟重複建立戰場、角色扮演、詞彙解碼等步驟。

思想建構器讓孫武能夠一次次地改進自己的思想。他第一次想到的兵法內容可能很膚淺，但第二次的思考則讓內容變得更豐富，第三次的思考又讓內容變得更有深度……。

一開始的思想只有個粗略的藍圖，接著開始有了地基，地基之上又慢慢浮現出大廈的原型。

這促成了一個思考的良性循環。孫武每重複這三個思想建構的步驟一次，孫武兵法的思想就更趨近完善，至到他終於滿意為止。

他不必親身打仗，僅靠「思想建構器」就能體會許多不同情況、在不同的地點中經歷戰爭；而他從中得出了獨特寶貴的見解，甚至遠遠超過有經驗將領們的見解。

愛因斯坦說過：「知識可以帶你從 A 到 Z，而想像，可以帶你去到任何地方。」

或許，孫武比愛因斯坦更早知道這一點。

一次思維的進化

從第六章到這一章，我看似講了三個不同的東西，但我其實都是在描述同一個東西，那就是思想建構器。第六章中描述的四種想像力，是圖像系統；第七章中利用演出人物獲得多元思維的運用，是描述意感系統；對應第八章的，則是詞義系統。

可見思想建構器的用途很廣，其操作方式和可以達到的效果絕對不侷限於任何單一面向。藝術家可以可以用它來創作，也可以用來演戲；可以用來探討決策，也可以用來思索答案；可以用來加深思考，也可以用來增加思考的多元性。

除了我在本書所提出的這些作用之外，思想建構器還和記憶術、心算、心理治療、催眠等學問都有直接的關聯。

事實上，**每個人只要思考，就必定會用到思想建構器。**如同每個上戰場的人，都必然是運用四肢來戰鬥，只是功夫各有高低而已。

在本書結束之前，讓我們來看看在現實中，該如何運用思想建構器來完成思維進化：

　　你獲得了一場演說的邀請。在正式上臺之前，各種想法不停在你腦海裡激盪：待會上臺時我要如何應對？要是做不好要怎麼面對？別人會怎麼看我？

　　滿腦子的擔憂讓你有些喘不過氣，你努力安撫著自己的心情。

　　轉眼間，臺上的司儀介紹起你的來歷，並邀請你上臺。你硬著頭皮上場，腦袋緊繃，想法轉不過來。上臺之後，你勉強保持氣勢開場；但說到一半，你最害怕的事情發生了——你竟然忘詞了！

　　你僅剩的氣勢瞬間全消，一湧而上的負面情緒佔據你的思緒，你甚至不知道自己在做什麼。身體明明在動，但腦海裡只有一片空白，你心想：這次完蛋了。

　　你還是撐著堅持到最後，演說完畢之後，觀眾反應並不熱烈，只有零零落落的掌聲。下臺一鞠躬後，你一直在反省自己哪裡做得不好、哪裡做得不對，此刻你的心情從緊繃轉換到平靜，一種憂傷失落的平靜。你告訴自己失敗的原因是因為前一晚沒睡好，是因為某人在那天打擾到你背講詞的時間，是因為你天生就沒有演說的天分，或者其他原因。

　　當你正忙著為自己找藉口時，突然有位仙子從天而降。仙

子告訴你，她的魔法可以讓你回到上臺之前重新再來一次，你先是驚訝，回過神後心灰意冷地說不必了，再試幾次都一樣，你根本無法完成！

但由於本故事的劇情需要，你還是被送回了演說之前。在被變走之前，仙子向你施了一個提升自信心的魔法。

在演說之前，你想像到自己登場時狀態會是何等激昂，你會如何激起觀眾的情緒，說出關鍵字的時候觀眾會如何拍手叫好；想像你將如何在演出中呈現出最美好的一切，演說完後又是如何接受觀眾的熱烈掌聲，你還因此有點小激動呢。

回到現實，臺上的司儀介紹起你的來歷，終於輪到你登場。你以最美好的姿態登上講臺，你心情亢奮，整個人處於最佳狀態！

你開始進入主題，把想講的每一個重點都表達得淋漓盡致，期間毫無紕漏，絕無冷場！你的氣勢如虹，所有講詞被你一字一句地講出來，你甚至不知道自己為什麼狀態那麼好，身體與腦海裡的言行一致，你心想：這次幹得好。

你一路講到最後，還意猶未盡地超過了時間。講完之後，觀眾反應比前一次熱烈，讓你感受到滿滿的成就感。但你仔細一看，卻從觀眾們的臉上看到「這傢伙終於說完了，趕快拍

手」的表情，滿滿的成就感在一瞬間崩塌。

下臺後你一直在想：我明明已經講得很好了啊？他們怎麼還是出現這種反應？

此刻你的心情從失落轉換到憤怒，一種不甘心的憤怒。你告訴自己是那群觀眾不懂得欣賞，因為他們根本沒用心在聽，根本是一群不尊重講者的傢伙，像你這樣有深度的演說，以他們的水準果然跟不上。

當你在忙著為自己找藉口，還責怪著觀眾的愚昧時，突然有位仙子從天而降。仙子告訴你，她的魔法可以讓你重新再來一次，你非常憤怒地說不必了！再試幾次都一樣，他們根本不會懂！

但由於本故事劇情需要，你還是被送回了演說之前。仙子知道單純給你自信心並不管用，所以在把你變回去之前，她送了你一本《思維進化》。

在舞臺之後，演說之前，你鎮定地以「播放未來」重複演練上臺的情況，並從中找到臨場感。在想像中，你看見自己走上臺，並開始演說。你從觀眾的角度聽著自己的演說內容，這讓你察覺你自己從前看不到的盲點，以及內容的不足之處。

你立刻打斷「播放未來」開始反省思考：「我應該要怎麼

做才能激起觀眾的好奇心？我說的內容與觀眾間有什麼重要的關聯性？如果用另一種方式表達深奧的內容，觀眾會不會覺得更好懂？」

你一次又一次地重複想像，直到預想的結果讓你滿意為止。

這時，臺上的司儀介紹起你的來歷，輪到你上臺了。

你隨即開始演出你仰慕的美國知名演說大師：安東尼・羅賓斯（Anthony Robbins）。你很快就進入角色，肢體動作變得和他相像，並以穩重的步伐登上講臺，當然也掛上他那真誠的微笑。你不知不覺地融入了這個角色，最神奇的是：你發現自己內在的狀態也連帶得到了改變。

想法一直不停在腦海裡醞釀，你把鋪陳好的每個重點打進了聽眾的心裡，同時勾起了觀眾的好奇心。講到某些部分你還會臨場發揮，根據聽眾的反應來轉換解說方式。你演說的方式就像安東尼，你的思維與心態都受到了他的影響。你隱約覺得這次的演說與往常不同，你發現某些部分的內容無法以安東尼的風格呈現，於是便以另一種你未曾嘗試的方式表達，你心想：這是一個突破。

正當你暢所欲言時，突然有一位觀眾粗魯地高聲打斷了

你，並開始以尖銳的問題挑戰你。臺上臺下都陷入了片刻靜默。你確實被這突如其來的打斷嚇到了，但隨即回過神來，完完整整地回答了這位觀眾，還在言詞當中妥善加入隱喻，讓這個沒禮貌的觀眾只能心服口服地坐下。你贏得了全場的掌聲。

演說完畢後，觀眾反應熱烈，掌聲不斷。下臺後你雖然心滿意足，但腦子裡卻一直在想，自己是怎麼辦到的？是哪個的細節和重點激起了觀眾的情緒？有沒有哪裡還可以做得更好？

你的心情從愉快轉換到沉思，一種精益求精的沉思，你嘗試思考自己是哪裡做得好？哪裡該保留？有效果的原因是什麼？

你知道你這是正在對「演說」這個詞彙進行「詞彙解碼」，而現在你對它有了更深入的見解。你覺得，演說要先有演，才能有說；而說後，還要思考，這樣下一次演說時，才會有所突破，創造出新的事物。

你知道自己還不是什麼大演說家，但你知道：

你完成了一次思維的進化。

後記

——

思者生存

最後，我還有一些事情要說。一個好的問題，不僅能啟發思考，還能讓回答者更瞭解自己。我打算問你三個好問題：

1. 你認為什麼是善？什麼是惡？怎樣的決定才是好的決定？怎樣的決定是壞的決定？
2. 你認為怎樣做，做些什麼，才能獲得你人生中所追求的東西？
3. 你認為我們身處的世界是怎樣的一個世界？這世界的運作模式是怎樣的？

在本書的最後，我想從思維進化的角度與你討論這三個問題，並給出我簡短的三個答案。這三個問題的答案都有名字，分別為「價值觀」、「人生觀」和「世界觀」，簡稱三觀。

價值觀

我認為，所有能幫助你思維成長的事物，都是善的。反之，所有讓你思維成長止步，甚至是退步的事物，都是惡的。

如果你面臨重大的選擇，而你只有兩條路可以走，一條比較容易，另一條比較難；但兩條路都是通往未知的，無論你走哪一條路你都無法確定結果。這時，你應該選哪一條路？

要讓思維得到更充分的進化，你就應該選擇比較難走的路。因為路愈難走，就意味著有愈多的挑戰，你會學到愈多的東西，甚至能突破自己的極限。

當然，現實情況可能比這複雜得多。你可能有五條路可以走，從輕鬆搞定、最容易的路，到失敗機率很大、最難的路都可能出現。這時，你應該選擇哪一條路？

　　出於理智，你不應該選擇自己不可能完成的路。你要客觀地評估任務難度，有些任務看起來很難，但未必無法完成；有些任務則是肯定無法完成，你要看出兩者的差異。你應該走第三或第四條路——那些難度雖高，但不至於做不到的路。這樣你才能讓自己在成長之餘能實際完成任務，並避免不必要的挫折與失敗。

　　但要留意的是：難度高的路時，指的並不是把事情複雜化的「冤枉路」。如果一件事情可以用五個步驟完成，也可以用十個步驟完成，但兩者最終結果一樣，那你應該要選擇用五個步驟完成的方式，而非後者。因為事實上，把事情步驟簡化，永遠比把事情步驟複雜化來得難。

　　你還要像科學家一樣，將人生的決策當作是一項實驗。

　　你要對實驗做出預測，並提出假設，然後身體力行地去實踐。儘管你已經做出了預測，但你也知道自己無法肯定實驗的結果會百分之百如願。實驗可能帶來成功或失敗的結果，但你知道自己在這項實驗不會空手而歸，因為你會學習、會進步，然後在錯誤和正確之中進化。

　　你知道，任何事情都有可能是錯的，但只有持續成長，錯不了。

人生觀

　　人生所追求的絕大部分事物，最終都能靠足夠強大的思維來獲取、守護。

　　無論是你想要有個美滿家庭，抑或是一個卓越的事業，哪怕是社交或追求伴侶，你都需要相應的思維去實現——成熟的思維可以滋養和保護家庭和諧，博學有深度可以成就事業，智慧可以帶來堅固的友情和愛情；反過來說也一樣，美滿家庭會被不成熟摧毀，美好的事業會被無知摧毀，愛情或友情會被愚昧摧毀。

　　我在第二章裡寫到的「決定人生的三種因素」，其實就是我自己的人生觀——影響人生的因素很多，但只有自己的思維是你可以控制的——也只有強大的思維能讓人生持續如魚得水。

　　我知道我無法控制自己的基因、無法選擇自己的出生環境，也無法擺脫後天環境對我的枷鎖。我唯一還可以做出的選擇，就是盡我所能地增進自己的思維，選擇如何思考。

　　而那很好。

世界觀

　　我的世界觀可以分成兩個概念：一個是物理概念，即物質在這世界的運作；另一個是生物的概念，即生物在這世界的運作──我只淺談生物概念裡，人類這個物種。

　　人與其他物種競爭了億年，最後因為演化出更具有生存優勢的大腦，發展出其他物種沒有的智力，而成為主宰地球的生物。

　　但這不意味著競爭就結束了，因為人類由始至終都存在著內部競爭。例如，人與人之間從未停止過以武力的形式自相殘殺。隨著人類整體智力持續發展，人類脫離原始生活，文明進入高速發展，最終獲得前所未有的武裝力量。所幸，武力形式的競爭因第二世界大戰的結束而告一段落──儘管目前依然有零星的武裝恐怖份子活動，但主要的核武只停留在威懾的作用。

　　然而，人與人之間的競爭並沒有結束。在無形之中，競爭的展開已經從武力的形式，全面轉移到智力的形式。

　　智力形式當然比武力形式溫和多了，贏的人固然能獲得榮譽與社會資源，但幾乎沒有人會成為永遠的輸家；況且智力之

間的博弈並非完全的零和博弈，而更像一個人類共同展現自己的舞臺。

有些人甚至會認為只要保持合作精神，就能與所有人一同創造勝利，或認為共贏這個結果是普遍存在的。

但我覺得那樣的刻畫未免過於理想——畢竟，你心愛的人只能有一個伴侶；公司高階主管的職位可能只有一個，好公司的職位也有限；同行之間的競爭難免互相猜疑，公司之間的法律訴訟也層出不窮。在許多的情境之下，合作是一個可行的方案，但不是絕對會出現的方案。

當競爭避免不了，人的思維就成了決定勝負的因素之一，而其他的因素如運氣和環境，均超出了個體可控的範疇。換句話說，思維是個體唯一能控制的致勝因素。

在長期的智力競爭之下，人們普遍意識到智力的重要性。為了提升智力，各國的大學數量逐漸增加，政府愈來愈注重教育，網路上的知識滿天飛——這些都是人們愈來愈注重智力提升的證明。

但漸漸地，人們開始發現大學文憑並不等於智力水平，更不等於擅於解決問題或創造力的能力指標。換句話說，知識能提升智力，但不完全等於智力。

而在目前知識獲取愈來愈容易的情境下，知識更顯得氾濫，進而凸顯出個體思考能力的重要性。你可以讓任何一個人上網學習如何做一道菜，但你無法讓他學到如何創造一道菜色，他必須經過自己的思考才能創造。

而在未來，隨著人工智能的發展，大環境會愈來愈看重具備高學習能力、高創造力的人才，你必須依賴自己思考，開始創新知識。

當一紙文憑氾濫，文憑會愈來愈無法說明個體的實力──當然，大學所提供的知識固然有其重要性，但文憑不會再是最重要的智力衡量指標。

在未來競爭中勝出的人，將會是那些能證明自己思考能力的人──那些有創造性的人，那些能緊隨時代持續進化思維的人，那些無法被智慧機器取代的人。

未來，屬於擅於思考的人。

我在出版《盜賊·演員·進化人》一書後，陸陸續續收到不少讀者給我的回饋，其中有好幾個回饋是：「看了這本書，讓我產生了更大的學習和閱讀的慾望。」

　　也有不少讀者在《盜》絕版後，向我詢問是否有其他獲取該書的管道，原因是他們想要拿這本書送人，他們覺得《盜》書有啟蒙的效果。

　　收到這類回饋令我感到很高興，但卻不感到驚訝。這不是因為自負，而是因為這種啟蒙效果是我刻意塑造的，是我在寫《盜》書時就已經預料會發生的——原因是我用了一種特殊的寫作方式。

　　而這正是這次改版（本書《思維進化》）沒有使用像《深度學習的技術》那樣的寫作方式完成的原因。我希望這本書可以像《盜》那樣，不僅僅為讀者帶來知識，也提供了前進的動力，以及成長的動力。

「一課思考學：你需要知道的一切，都在這一課」

寫完這本書之後的兩年內，我持續思考「如何思考」這個問題，這兩年我得到了十足的長進。最終，我把所有我對思考的看法開發成一個系統，並製作成一個網路課程，期望每個人都能輕鬆學會思考，找到適合自己的增進思考之路：

一課思考學
https://hahow.in/cr/thinking-in-1-lesson

後記

思維進化 EVOLVE THINKING
用思考突破人生所有障礙

作者	楊大輝
執行編輯	顏妤安
行銷企劃	劉妍伶
封面設計	倪旻鋒
版面構成	賴姵伶
發行人	王榮文
出版發行	遠流出版事業股份有限公司
地址	臺北市中山北路一段 11 號 13 樓
客服電話	02-2571-0297
傳真	02-2571-0197
郵撥	0189456-1
著作權顧問	蕭雄淋律師

2021 年 8 月 31 日　初版一刷

定價 新台幣 380 元（如有缺頁或破損，請寄回更換）

ISBN　978-957-32-9255-5

遠流博識網 www.ylib.com

E-mail: ylib@ylib.com

國家圖書館出版品預行編目 (CIP) 資料

思維進化：用思考突破人生所有障礙 / 楊大輝著 . -- 初版 . -- 臺北市：
遠流出版事業股份有限公司, 2021.08
面；　公分
ISBN 978-957-32-9255-5(平裝)

1. 思維方法 2. 成功法

176.4　　　110013267